汽/车/技/术/精/品/著/作/系/列

汽车造型设计

三线法理论与应用

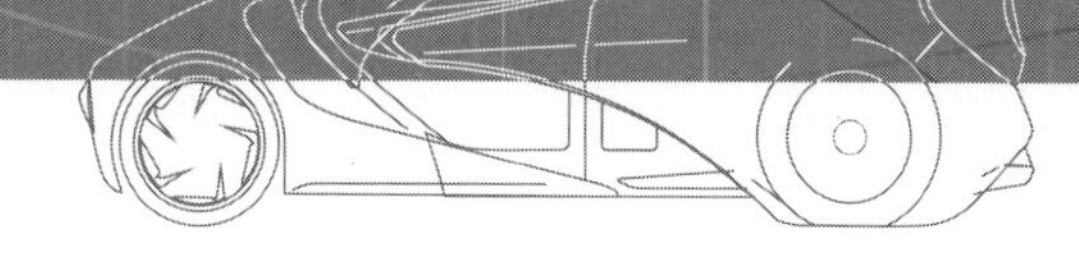

冯 平 著

本书开创性地提出了“三线法理论”，即布置线、锤炼线和断面线。汽车造型设计的三线法理论是作者多年从业经验的总结。布置线，首先需要考虑姿态和比例，然后考虑其他重要的线安放到哪个位置。锤炼线，涉及线的方向、走势、弹性等要素。断面线是研究汽车主要线条的断面变化，比如腰线的断面变化。本书除了讲述三线法理论，还讲述了两个美学原则和两个造型趋势。美学原则是同调和平衡；造型趋势是立体化和融合。

本书适合汽车造型设计师阅读并参考使用。

图书在版编目（CIP）数据

汽车造型设计：三线法理论与应用/冯平著．—北京：机械工业出版社，2019.9

（汽车技术精品著作系列）

ISBN 978-7-111-63533-8

Ⅰ.①汽…　Ⅱ.①冯…　Ⅲ.①汽车-造型设计Ⅳ.①U462.2

中国版本图书馆CIP数据核字（2019）第182116号

机械工业出版社（北京市百万庄大街22号　邮政编码100037）

策划编辑：何士娟　责任编辑：何士娟　谢　元

责任校对：张　薇　责任印制：张　博

北京铭成印刷有限公司印刷

2020年1月第1版第1次印刷

184mm×260mm · 16.75印张 · 4插页 · 420千字

0001—1900册

标准书号：ISBN 978-7-111-63533-8

定价：89.90元

电话服务　　网络服务

客服电话：010-88361066　机　工　官　网：www.cmpbook.com

010-88379833　机　工　官　博：weibo.com/cmp1952

010-68326294　金　书　网：www.golden-book.com

封底无防伪标均为盗版　机工教育服务网：www.cmpedu.com

序言一

汽车设计需要创意，创意需要评估，什么是好的，什么是不好的，汽车设计行业内没有一套通行的评判标准。反正就是什么好看呀、大气呀、时尚呀、科技呀，说来道去，说不出个所以然。冯平这本书就是告诉我们如何去评估汽车设计，设计师也可以用这套理论来评估自己的设计。

三线是布置线、锤炼线和断面线。

布置线，首先需要考虑姿态和比例，然后考虑其他重要的线安放到哪个位置。这是个布局，是最重要的、最根本性的问题。两厢车、跨界 SUV、SUV 在线条布置上就有根本的不同，线的布置就是该书的核心内容。

锤炼线，涉及线的方向、走势、弹性等要素。特别是要重点考虑汽车上一些主要的线，比如腰线可以前弯后直，一般不要前直后弯。

断面线，研究汽车主要线条的断面变化，比如很重要的腰线的断面变化。重要的线断面变化剧烈，视觉冲击强，不重要的线断面起伏小、变化小，视觉影响小，从而实现虚实结合，主次分明。

该书断面线的提出无疑受到我提出的弧高理论的影响，我提出的弧高理论就是：把断面线画出来，把每根断面线按照凹凸方向分成若干段，分析每段断面线的弧高，每段的弧高不得低于 4%，两个方向的弧高要叠加，只有弧高足够大，才会有足够的反光。当然此书也并不完全赞成弧高理论。

当然，三线法理论是一种思维方式，如果每个设计师都是同样的思维方式，是否会陷入定式思维的窠臼而无法自拔呢？这个问题现在难以作答。退一步考虑，在一无所有的基础上，不妨先有个理论解决有和无的问题。至于好与不好的问题，只有等其他的新理论出来后再一较高下。

或许从今天起，汽车设计江湖会崛起一个新的门派——三线派！如果真的如此，这本书的作者冯平当然功不可没！让我们拭目以待吧。

上海同捷科技股份有限公司董事长

雷雨成

序言二

汽车设计作为工业设计（产品设计）的一个分支，确实相当专业，也相当复杂。我校艺术学院就有工业设计系。设计需要创意，在设计时，老师一般让学生找些汽车杂志或网站来熟悉汽车，获得一些创意。汽车造型方面的图书也有一些，有的介绍流程，有的讲效果图技法，有的根本不是从业者写的。

相对而言，绘画方面的好书，古今中外，可谓汗牛充栋。而汽车造型的好书稀缺，可能是因为汽车历史到现在才一百多年，汽车造型设计的历史也只有八十年左右，从业人员数量规模太小。有经验的人没时间写书，或者不愿意写书。难得有经验的从业者愿意抛出一本书来。

绘画，跟写文章一样，要有中心，要有铺垫，虚实结合，主次分明，这样的作品才会生动。汽车设计也是如此。

创意需要评估，什么是好的，什么是不好的，老师也不知道如何教学生评判。冯平这本书就是告诉我们如何去评估汽车设计。

三线是布置线、锤炼线和断面线。

布置线，与绘画的构图是相似的，是全局性和根本性的问题。

锤炼线，要求跟绘画中出现的线条是一样的，线太直显得呆板，线太弯曲显得缺乏力量，长线显得优雅，短线显得有力。

断面线，用来控制曲面，汽车产品的曲面需要好好斟酌。

该书还用大量实例讲了两个美学原则，平衡和同调。艺术是相通的，对于绘画来讲，色调是绘画的生命，好的设计也应该有色调的完整性。平衡对于绘画来说也是至关重要的。

冯平在汽车造型设计行业内积累了多年的经验，该书是他多年工作经验的结晶，书中观点鲜明独到，有一定的创新意识！相信它一定会启迪读者。

重庆大学艺术设计院院长
许世虎

序言三

二十一世纪以来，在中国这片广袤的热土上，汽车设计知识和技术再也不是少数人放在城堡里的秘籍。随着计算机辅助设计技术的普及，知识像宇宙爆炸一样飞速地向外扩散。直到今天，能够开发汽车的团队比比皆是。以前，由于知识垄断而造就的设计大师再也不会出现了，取而代之的是散落在中国各地的天下英雄，形成了大大小小无数个流派。

这些汽车设计知识的形成主要来自于以下几个渠道：一是国外的汽车设计公司为中国开发设计汽车项目时的传授；二是中外合资企业对中方设计师的培训；三是中国企业里的外籍员工的贡献。然而二十年过去了，虽然各种品牌的中国汽车也占据了三分之一的市场份额，但是中国汽车的设计水平和欧美汽车设计相比还是存在较大差距。我们不禁要问，这是为什么？从日本的汽车设计历史来看，丰田、本田等企业对设计的投入不能说不足，时间也够长，但直至今日，日本的设计与欧美也不能同日而语。汽车设计的后来者，永远也不能超越吗？这是一个魔咒吗？似乎找不到一个明确的答案。欧美的强势汽车文化对人的心理产生了不自觉的干扰。纯粹的客观评判并不存在。但有一个行为模式的问题值得注意，也就是日本、韩国等汽车设计都是在沿着欧美的模式一次次地复制。在这种模式下，超越似乎变得更加困难。但设计毕竟是人类精神的艺术反映。我们坚信，我们具有让人崇敬的独特精神，在不断的努力下，也必定会产生让人崇敬的独特设计，只是有待时日。只要我们能够将设计知识一点点地积累，不断地反思自己，改变自己，在传承中发展，日进一步，必达顶峰。

中国汽车工程学会造型学组副组长

常志刚

前 言

汽车设计的现状是，设计者缺乏一套理论来构思和评估设计方案。很多时候都在跟着感觉走，感性很强，理性很弱，对别人的方案也缺乏正确的认识，盲目崇拜，照单全收，有时会犯严重的错误。

本书开创性地提出了“三线法理论”来解决这个问题，即布置线、锤炼线和断面线。汽车造型的三线法理论是我多年从业经验的总结。

布置线，首先需要考虑姿态和比例，然后考虑其他重要的线安放到哪个位置。

锤炼线，涉及线的方向、走势、弹性等要素。

断面线，研究汽车主要线条的断面变化，比如腰线的断面变化。

书中有很多值得商榷的案例，指出设计不足，也算一家之言吧。

本书除了讲述三线法理论，还讲述了两个美学原则和两个造型趋势。美学原则是同调和平衡；造型趋势是立体化和融合。也讲述了一些外观细节的设计。

本书用尽量少的文字、尽量多的图来解释汽车造型设计。

本书的特点是强调实用性、启发性，希望对读者有一定的帮助。

因水平有限，出现错误在所难免，望不吝指正。读者可以通过邮箱（290377076@qq.com）与我联系。

冯平

目　录

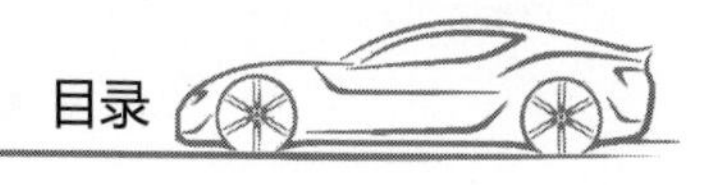

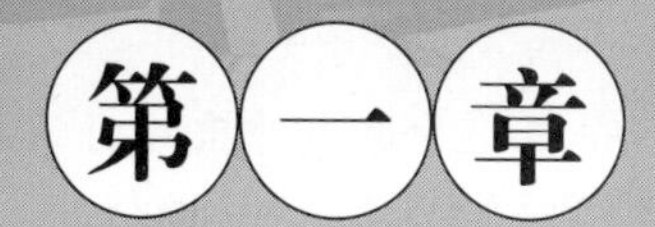

第一章 汽车造型设计概论

第一节 什么是汽车造型设计

一、设计

1. 设计基本含义

设计的目的是为了实现商业利益。有人认为设计是艺术，但是设计不是艺术。二者的差别见表 1-1-1。

表 1-1-1

	设　计	艺　术
目的	创造物质财富，商业行为	创造精神财富，非商业行为
从业者	设计师	艺术家

设计师在设计过程中需要考虑实用性和经济价值。设计包含美学、技术和经济三方面，是从构思到行为，到实现其价值的创造性过程。设计以实现商业利益为目的，以创意为先导。设计有下列三个过程：

1）构思过程——创造实体或产品的意识，以及由这种意识发展、延伸的构思和想法。

2）行为过程——使上述构思和想法成为现实，并得以最终形成实体或产品的可行性判断和形成过程。

3）实现过程——以最符合实用性和经济价值为目标贯穿于整个设计活动，并用完成的实体或产品实现其经济价值。

2. 汽车造型设计在设计中的地位

设计包括视觉传达设计、环境设计和产品设计三大领域。

（1）视觉传达设计

视觉传达设计是指通过视觉来传递各种信息的设计。实物或产品采用一定的形式作为传达内容，依靠相应的媒体来达到传递信息的目的，形式包含形状、颜色、材料、功能等。它包括由标志、字体、图形、象征符号等组成的传达内容，以广播、报纸、电视、杂志等形成的传达媒体和不同身份构成的特定传达目的人群三个部分。

如果把视觉传达设计加以分类，那么从造型形式的角度，它包括二维空间的平面设计，如招贴、摄影、标志、字体等；三维空间的立体设计，如包装、陈列、展示等；四维空间的设计，如电视演播、动画、舞台设计等。

（2）环境设计

环境设计是指以构成人类生存空间为目的的设计，是对生活和工作环境的各种条件进行综合规划设计的过程。它包括作为环境主体的建筑设计及相关的室内外环境设计。同时，各环境因素之间的协调关系和规划内容也属于这一范畴。

（3）产品设计

生产出的物品为产品。产品设计是与生产方式紧密联系的设计，是达成目的的、实用又具美感的系统化设计。从生产方式的角度，它包括手工业加工的手工艺设计和现代化机器生产的工业设计两大类型。学校的工业设计专业分两种，工程类的工业设计就是工业设计专业，而艺术类的工业设计专业就是产品设计专业。如果把工业设计按生产原料的不同而加以分类，它包括汽车造型设计、家用电器设计、服装设计等内容。由此可知，汽车造型设计在设计中的位置，见表 1-1-2。

表 1-1-2

艺术			
设计	视觉传达设计		
	环境设计		
	产品设计	手工艺设计	
		工业设计	汽车造型设计
			家用电器设计
			服装设计
			……

因为汽车很复杂，汽车设计过程有多种专业技术人员参与，所以汽车造型设计对设计师要求较高。

3. 汽车造型设计在汽车工业中的位置

汽车工业产业链很长，对于整个汽车工业集群有带动作用，所以汽车工业是一个国家工业水平的标志。货车和客车的技术难度相对低，乘用车的技术难度相对高。乘用车生产的普通做法是整车厂生产白车身，供应商生产底盘、电气、内饰、外饰、附件等零部件。生产白车身的投资也是巨大的。制造白车身需要冲压、焊接、涂装三种工艺。以一个轴距为 2.6m 的乘用车为例，冲压模具在中国制造要花一亿元人民币，焊接夹具在中国制造要花三千万元人民币，还需要建设工厂来生产。一个乘用车工厂有冲压车间、焊接车间、涂装车间、总装车间四个车间，冲压、焊接、涂装三个车间用于制造白车身，总装车间用于装配。年产 15 万辆乘用车的工厂，工厂的建设投资大概需要十亿元人民币。

汽车产品设计很重要，找中国设计公司委托设计一辆汽车的费用是一千万元左右。造型设计创造的是核心价值。汽车设计相对汽车工业是以小博大，汽车造型在汽车设计中举足轻重。

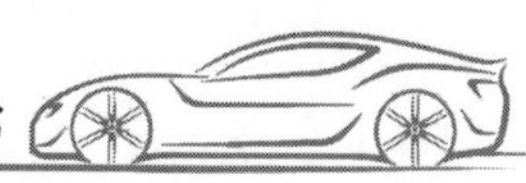

汽车行业大公司的做法一般是自己进行量产车造型设计，仅仅把概念车的造型设计外包，这样便于控制自身品牌的DNA。例如，宝马公司曾经找麦格纳设计和制造宝马X3，为了向麦格纳说明什么是宝马汽车，用了5000页A4纸。

二、汽车造型设计

1. 概念

汽车造型设计的目的是，根据市场部门的需求和工程部门的限制，提供符合需要的3D曲面数据和表面定义。为了实现这个目的，需要有一定的流程和分工。

2. 汽车造型的分工

一般的汽车造型专业分工有5个，见表1-1-3。

表1-1-3

分　工	简　介	目　的	软　件
效果图设计	根据产品定位和总布置等设计输入，绘制设计草图和效果图	表达创意	Photoshop
CAS面设计	即Concept A Surface（初步造型面），根据效果图，进行曲面设计	铣削油泥模型和可行性分析	Alias
油泥模型制作	根据总布置图和效果图直接手工制作油泥模型，或用CAS数据铣削模型，然后手工细化	表达设计	—
A面设计	A级曲面设计，3D扫描油泥模型后得到点云，把点云拟合成3D曲面，主要的造型面要保证曲率连续	工程设计的数据输入	ICEM Surface等
CTF	即色彩（color）、纹理（texture）、面料（fabric）。选择产品表面的颜色、纹理和面料，也叫CMF（color、material和finishing）。 可以先把A面或CAS放到虚拟现实软件中进行渲染，然后制作样品来评估，最后做成产品	产品表面定义	VRED或Delta Gen

在某些较大的设计中心里面，还有精致工程和前瞻设计两种分工。精致工程是从人的感知出发来定义质量，用各种方法提高感知质量。前瞻设计是发掘前沿创意资源，网罗各设计行业的创新，为汽车设计提供创意的参考方向。

学工业设计专业的人经过适当的培训基本上都能胜任这些分工，要求最高的是效果图设计，这需要的创意最多。

本书主要涉及造型设计中效果图的构思和油泥模型的推敲。

3. 汽车造型设计流程

汽车造型设计流程见图1-1-1。

时间上CAS和油泥模型制作有穿插重叠，见图1-1-2。

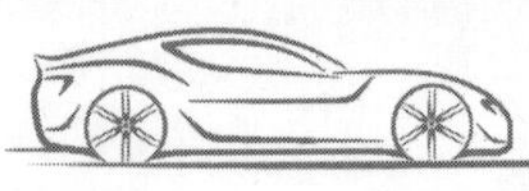

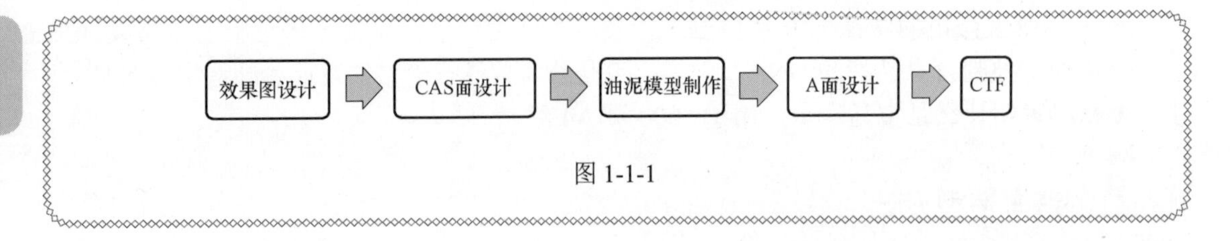

图 1-1-1

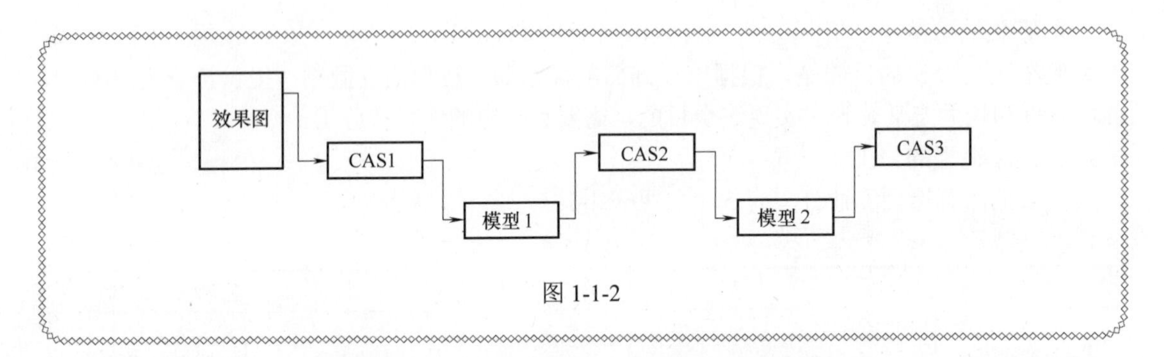

图 1-1-2

第一版 CAS 在效果图确定之后，用于第一轮油泥模型的加工和工程可行性校核，第二版 CAS 在第二轮油泥模型之前，用于第二版油泥模型，基本解决工程可行性问题。

A 面设计在 CAS3 后启动。

从效果图开始，CTF 的工作就开始了，它贯穿整个造型过程。CTF 的流程见图 1-1-3。

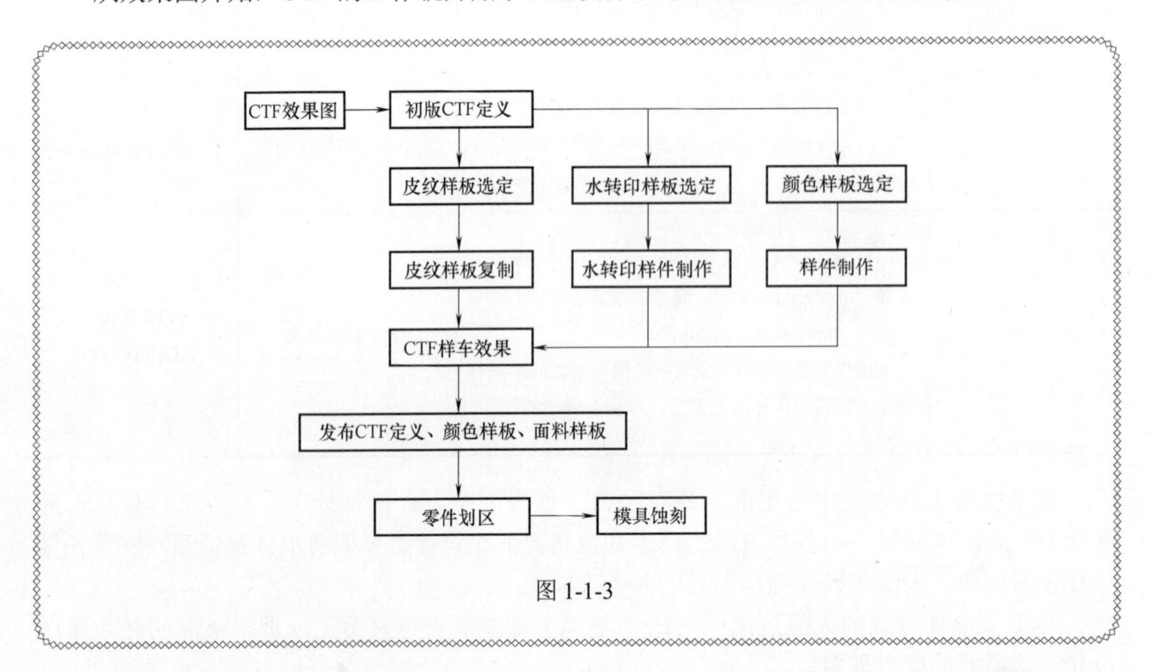

图 1-1-3

CTF 样车一般是第一轮工装件样车，即装配到这辆车上的零件都是用模具或夹具等工艺装备制造出来的，可以大规模地制造，而不是用手工或 3D 打印等方式制造。

零件划区是指在需要出现皮纹的零件上，把皮纹的型号和深度写上去，在一个零件上即便使用同一种皮纹，各个区域的皮纹深度也可能不同。

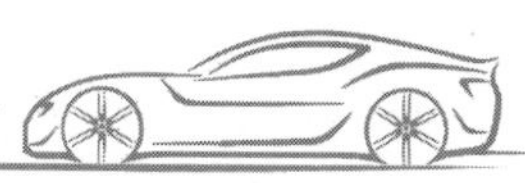

三、汽车的分类和用途

sedan 是指三厢车，宝马 118i（见图 1-1-4）就是三厢车，是最常见的汽车形式。

hatchback 是指掀背车，一般是两厢车，是可以把后风窗玻璃与后背门一起掀起来的车，例如宝马 125i（见图 1-1-4）。一般紧凑型车及更小的车会采用这种形式。三厢车采用掀背结构的也有，但是很少，比如斯柯达明锐。

SUV 是运动型多功能车，离地高度比 sedan 和 hatchback 大，宝马 X1（见图 1-1-4）就是这种车。

宝马 M140i（见图 1-1-4）是两门跑车。

图 1-1-4

SUV 和越野车是根据车身是否承载来区分的，承载式车身是 SUV，非承载式车身就是越野车。丰田兰德酷路泽为非承载式车身，就是越野车；雷克萨斯 LX570 是承载式车身，就是 SUV。二者从外观上难以判断哪个是越野车，哪个是 SUV，见图 1-1-5。二者的离地间隙一样，都是 230mm。

图 1-1-5

有些越野车保持了传统的设计，辨识度较高，比如奔驰G级和Jeep牧马人，见图1-1-6。

图 1-1-6

PILOT是本田的七座SUV，同平台的皮卡是RIDGELINE。二者同平台设计，有诸多零件共享，但是前保险杠、前格栅、侧围不同，见图1-1-7。与SUV同平台的皮卡一般是休闲型皮卡。

图 1-1-7

工具型皮卡一般与越野车同平台，丰田越野车FORTUNER与皮卡HILUX有很多相同的零部件，比如前车门、发动机舱盖等。为了满足各种使用要求，HILUX有单排座（椅）和双排座（椅）之分，甚至还有一排半座（椅），见图1-1-8。

WAGON是指旅行车，适合家用，它从三厢车改进而来，把三厢车的行李舱做大就是旅行车。图1-1-9是AVENSIS的三厢版和旅行版比较，二者仅仅是侧围和后背门不同，左右车门都是一样的，仅仅是窗框不同，连后保险杠和后灯都一模一样。旅行车仅仅是行李舱变大了，座椅的数量和布置形式都与三厢车完全一样。旅行车在欧洲比较流行。

MPV即多用途汽车，它与同平台的三厢车差别很大，能相互借用的零件很少。MPV的座椅会增加到七座。

卡罗拉同平台的MPV是逸致，是偏向家用的MPV。逸致是七座车，见图1-1-10。这两辆车相同的零件很少，外观内饰上几乎没有相同的零件。

图 1-1-8

图 1-1-9

图 1-1-10

凯美瑞同平台的 MPV 是普瑞维亚，是偏向商务的 MPV，见图 1-1-11。这两辆车相同的零件很少，外观内饰方面几乎没有相同的零件。这种 MPV 更讲究座椅布置，普瑞维亚座椅采用 223 格局，第二排的两个座椅可以前后滑动，靠背可以放平，有电动的搁腿板，可以舒服地斜躺在座椅上。

图 1-1-11

四、观念

1. 模仿与创新

红旗盛世和丰田 MAJESTA 的差别仅仅是标志和保险杠，见图 1-1-12 和图 1-1-13，算是引进车型。

图 1-1-12

图 1-1-13

几乎所有的汽车公司起步时都是模仿，有点积累后才自己进行设计。比如丰田在起步时，虽然在汽车方面没有多少经验，但坚守一个信条：模仿比创造更简单，如果能在模仿的同时进行改进，那就更好。

丰田的第一辆车 AA 模仿克莱斯勒的 airflow，见图 1-1-14，但从细节上看，二者之间还是有诸多差异。

图 1-1-14

2. 造型与工程

造型与工程是协作的过程。工程对于造型来说，就是可行性分析。比如灯具光源，以前只有白炽灯、卤素灯，现在有氙气灯、LED 灯、激光灯。灯具造型受到的限制正在缩小。

全世界没有一个人有能力知道造型相关的所有工程知识，只能依靠团队。工程方面每个专业都有团队。造型设计师对工程的了解仅仅需要浅尝辄止，而无须精通，也没有时间来精通。工程上仅仅是某个方向，就需要长期的钻研，才能成为专家，工程上每个方向的技术都在不断发展。

CAS 面便于工程可行性分析。造型过程中需要很多分析，CAE 团队需要计算空气阻力系数，灯具需要灯具工程师来考虑在项目预算的范围内评估结构设计的可行性，总布置的校核项目很多，比如视野等，车身工程师要评估钣金的冲压、焊接和涂装工艺可行性，动力总成和空调系统要评估散热面积。内饰要进行塑料件成型分析，仪表台用搪塑还是注塑工艺对设计的要求就不同，还有安全气囊的布置、人机校核、车内凸出物等。

工程上的进步相对困难，造型上的进步相对容易。对于一个产品来说，造型创造的是核心价值，工程不过是在实现造型的想法。

第二节　汽车工程技术

形式追随功能，汽车造型解决的是形式问题，汽车工程技术解决的是功能问题。

一、标杆车研究

中国汽车技术和国外汽车技术最大的差别在于积累，积累的内容主要是标杆车数据，汽车行业有个术语叫 bench mark，就是标杆车研究。

如果一个汽车技术中心有一万人，做 bench mark 的就有六千人。这六千人把全世界的汽车都买来拆解、测量、分析、研究，数据分门别类放进标杆车数据库。这个庞大的数据库储存上千辆车的各种数据，这些数据每天都在更新。剩下的四千人在做项目的时候，就可选择标杆车数据库中最优的解决方案。

中国的汽车研发中心为了开发一个车型一般仅仅研究一辆标杆车，研究一辆车和研究一百辆车的差异不像数字上看到的那么大，技术上的得分应该是七十分和九十五分的差异。研究一辆标杆车一般称为逆向设计，研究一百辆标杆车一般称为正向设计。

对标一辆车和对标一百辆车的最大差别在于车型的升级换代。比如，你对标了第九代卡罗拉，以后第十代出来了，你就只能亦步亦趋。而对标了一百辆车，你就可以有自己的平台和产品策划。

刚刚起步造车的公司，因为积累不够，不仅结构技术会与标杆车做得很像，而且造型上也忠实于这款车。

长城哈弗 H3 的标杆车是 ISUZU（五十铃）2002 年在美国市场推出的 AXIOM 枪骑兵。这两辆车侧面相似度很高，车门把手都是一样的，见图 1-2-1。

图 1-2-1

现在，中国汽车厂一般喜欢把日本车或韩国车作为技术标杆，就是底盘和车身基本上都等同于这辆车，然后在外观上模仿一辆更高档的车。不过现在造型上的独创性在提高，而技术上很难提高，因为建设 bench mark 的车型库需要时间，而且大多数的中国公司根本没有打算建设 bench mark 的车型库。

中国公司最喜欢 bench mark 的车是丰田车，因为丰田车讲究成本最低、工艺最简单，吉利开发的每辆车的技术标杆车都是丰田车。这两个品牌车型的对应关系见表 1-2-1。

无独有偶，韩国现代汽车起步较晚，也没有财大气粗地广泛研究标杆车，也是仅仅研究所有的丰田车。

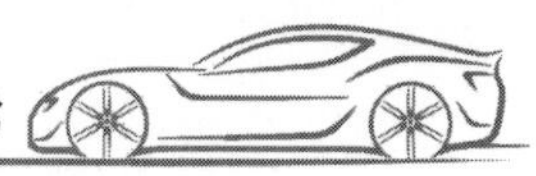

表 1-2-1

序　　号	吉　　利	丰　　田
1	远景 X1	AYGO
2	金刚	威驰
3	远景、帝豪、帝豪 GL	花冠
4	博瑞	凯美瑞
5	博越、帝豪 GS、远景 SUV	RAV4

长城 H6 技术标杆车是本田的 CRV，本田是日系车中的技术派，CRV 的技术很难对标，CRV 为了实现整车轻量化，其底盘大量使用铸铝件，H6 为了降低成本，就改成了铸钢件，这样一来，H6 和 CRV 在整车性能上就有很大的区别了。两辆车的外观对比见图 1-2-2。

图 1-2-2

众泰 2016 年上市的 SR9 夺人眼球，大多数人都知道它造型上模仿保时捷 Macan，实际上，SR9 的技术标杆车是 2004 年上市的第二代起亚狮跑。众泰是在老的狮跑身上披了一件 Macan 的外衣，见图 1-2-3。众泰是用 3D 扫描的办法直接扫描 Macan 的内外表面，得到表面的 3D 数据后进行高仿，而不是用皮尺来测量。

图 1-2-3

中国车企还是有一些标杆车研究数据的积累，他们在研发时会在各个系统参考不同的标杆车，也会在项目开始时，同时研究好几款车，从而寻找最优的方案。

标杆车研究对于造型设计来说有了一些基础的框架，就是尽量不要变位置，这是对造型的支持，同时也是桎梏，比如A柱、顶盖不能变，甚至车轮开口线和门框也不能变。一般来说，工程的做法是，变化的地方最好能找到其他车来参照，看一下别人是如何实现的。

二、技术平台化

在标杆车研究数据的长期积累下，某些大集团有了较大的设计自由度，即正向设计。技术平台化一定是在正向设计模式下才有的。逆向设计是为了一个整车项目而研究一辆或几辆标杆车，和技术平台化根本没有任何关系。

每个汽车品牌从车型的级别和类型进行布局发展，从而形成众多车型，即型谱，表1-2-2是大众汽车品牌的车型谱系。

表1-2-2

级别＼类型	三厢车	两厢车掀背车	多用途汽车（MPV）	旅行车	运动型实用汽车（SUV）	轿跑车
微型车A00	—	up	—	—	—	—
小型车A0	波罗	波罗	—	—	—	—
紧凑型车A	速腾	高尔夫	途安	—	途观	EOS
中型车B	帕萨特	—	夏朗	帕萨特	—	CC
中大型车C	迈腾	—	迈特威	—	途锐	—
豪华车D	辉腾	—	—	—	—	—

大众集团有8个乘用车品牌：大众、斯柯达、西亚特、奥迪、保时捷、宾利、兰博基尼、布加迪。特别是其中的大众、斯柯达、西亚特、奥迪几个品牌的车型有重叠。每个品牌都有众多型谱。研发、生产、采购、物流、售后等环节都需要应对繁杂的车型谱系。

大众从1974年开始提出平台战略，现在已经形成四大平台（NSF、MQB、MLB、MSB）。平台可以跨越品牌、车辆类型和车辆级别，见图1-2-4。

其中，MQB是大众集团横置发动机模块化平台，它将大量的汽车零部件实现标准化，计划在此基础上打造30余款车型。

横跨四个品牌：大众、奥迪、斯柯达和西雅特。

横跨四个车辆级别：A00、A0、A到B。

在车型种类上，可以生产三厢车、两厢车、旅行车、MPV、SUV、轿跑车。

MQB平台缩短了产品研发周期，降低了车型的开发费用、生产环节的制造成本。MQB平台极大地增强了大众在整车生产方面的灵活性和生产线柔性。即便是奥迪TT和高尔夫这样两款外观、性能差异明显的车型，也可以在模块化平台技术的帮助下，轻松实现共线生产。

MQB平台只有两个要求：

1）发动机前横置。

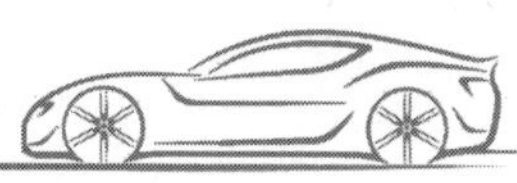

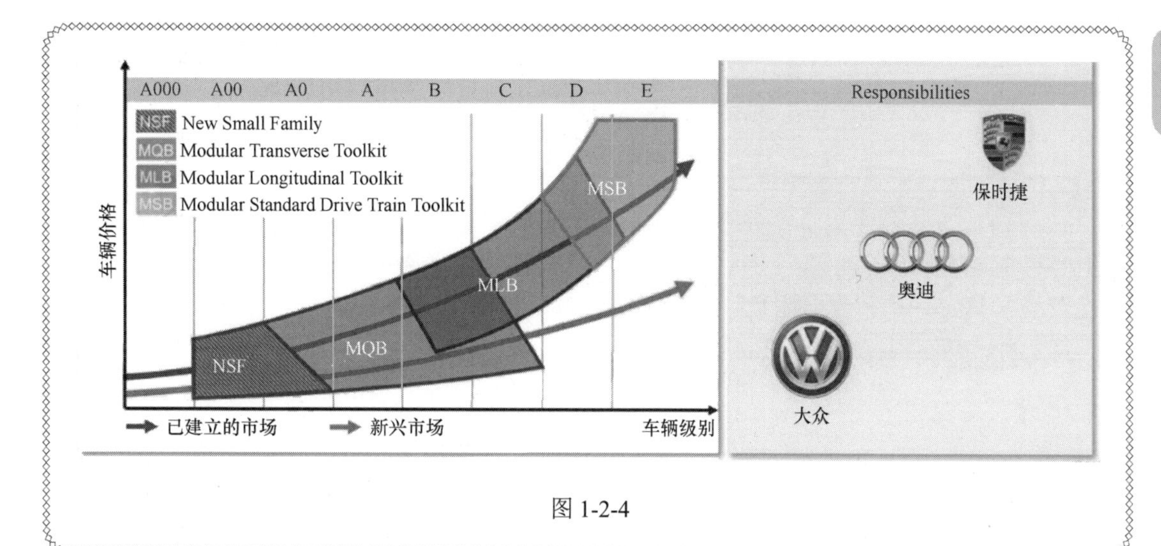

图 1-2-4

2）前轴与加速踏板间距固定。

其他尺寸均可调，如前后轮距、前后悬、轴距，后座与后轴距离，见图 1-2-5。

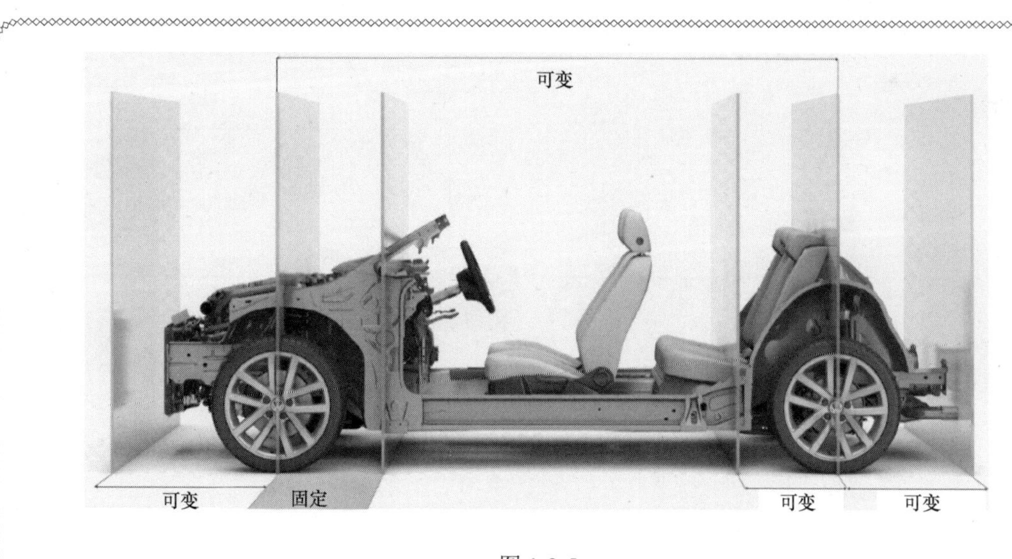

图 1-2-5

类似大众的做法，许多汽车集团旗下各品牌共用平台，例如，PSA 旗下的标致 206、雪铁龙 C2。

经过比对，标致 206 和雪铁龙 C2 的相似程度见表 1-2-3。

表 1-2-3

	通用件比例	差 异 件
底盘	100% 通用	—
车身	90% 通用	发动机舱盖、翼子板、行李舱盖
电器	95% 通用	前后灯具

（续）

	通用件比例	差 异 件
内饰	95% 通用	转向盘
附件	90% 通用	前后保险杠、防擦条

这两辆车的差异件集中在外观上，以便用最小的代价来实现这两辆车的视觉差异。市场上的车型共享平台有两种：一种是只有底盘、电器、附件通用率较高，而车身和内饰的通用率较低；第二种是车身、底盘、电器、内饰、附件通用率都很高。标致 206 和雪铁龙 C2 属于第二种，两车对比见图 1-2-6 和图 1-2-7。

图 1-2-6

图 1-2-7

不同汽车集团也可以通过协议约束来共享平台，比如丰田和PSA集团，孪生三兄弟——标致107、雪铁龙C1和丰田AYGO，尤其是同集团的标致107与雪铁龙C1之间的差异更小。三车的差异见图1-2-8～图1-2-11。

图1-2-8

图1-2-9

图1-2-10

图1-2-11

在平台化技术的背景下，产品同质化现象日益严重，用造型来凸显品牌和产品之间的差异，显得越来越重要。

三、空气动力学对造型的影响

汽车以 80km/h 前进时，有 60% 的油耗是用来克服风阻的。

1. 对整车造型的影响

风阻系数＝正面风阻力×2÷（空气密度×车头正面投影面积×车速的二次方）。

风阻系数与汽车油耗成正比，因此降低空气阻力系数对于降低汽车油耗有重要的意义。大多数乘用车的风阻系数在 0.28~0.4，流线型较好的汽车如跑车等，其风阻系数在 0.25 左右。

从奔驰鱼形车 Bionic 可以看到空气动力学对汽车造型的影响。

图 1-2-12a 表示该车参考的生物是一种产于热带的硬鳞鱼。这种生活在热带地区的鱼有优异的流线型躯体。车和鱼的契合点在于：鱼在水里游，需要减小水的阻力，汽车在空气中运动需要减小空气阻力，这样就把汽车和鱼契合起来了。后面的工作就是根据这个创意形体进行提炼的。

图 1-2-12b 是提炼的形体，外形与硬鳞鱼较接近，不太接近汽车的形态。

图 1-2-12c 接近汽车的形状了。

a) b) c)

图 1-2-12

内饰的转向盘、座椅和仪表台本来与空气阻力没有关系，但是也都可以看到硬鳞鱼的形状，这样的设计体现了创意的贯彻到底，见图 1-2-13。

图 1-2-13

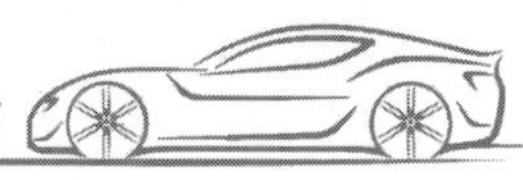

该车风阻系数仅为 0.19，以 90km/h 匀速行驶时，油耗仅为 2.8L/100km。

一般来说，在汽车 CAS 面设计时要进行空气阻力的 CAE 模拟，初步计算出风阻系数，如果要求较高，可以做个 1∶5 小模型来进行风洞试验，或者用 1∶1 模型进行风洞试验。

2. 对局部设计的影响

格栅对有散热需要的区域要穿透进风，不需要散热的区域要封闭，减少紊流，从而减小空气阻力。丰田汉兰达的格栅很大，格栅的上部和左右两侧都不需要进风，是封闭了的。封闭的区域为了避免显眼，采用横向锯齿纹，见图 1-2-14 中箭头位置。

图 1-2-14

瑞麒 M5 格栅中不需要进风的区域并没有封闭，见图 1-2-15 中所示区域，这会导致机舱内出现紊流，使空气阻力变大。

图 1-2-15

有的车型设计了进气格栅主动关闭系统，可以主动打开或关闭进风通道。比如奥迪 A4，在冷车或怠速时，会自动关闭格栅进风通道，以快速提高或保持发动机冷却液温度；在低速行驶时，自动打开格栅用于降温，比如堵车时；在高速时，格栅会根据发动机冷却液温度自动打开或关闭。该功能可在散热和减小风阻这两个功能中自动切换，从而达到更灵活控制发动机温度和提高燃油经济性的效果，见图 1-2-16。

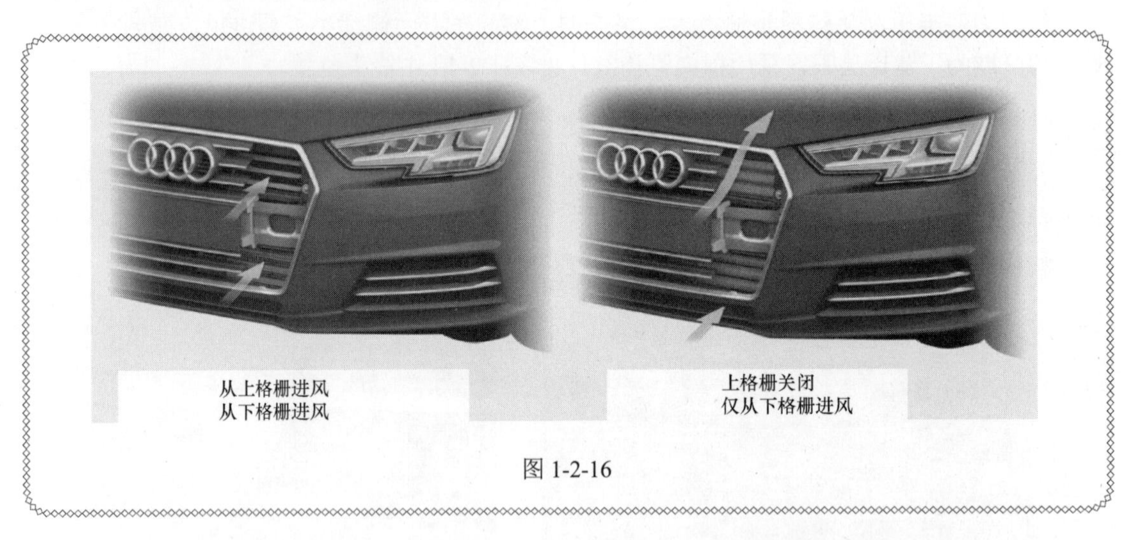

图 1-2-16

奥迪 A6 前保险杠左右进风口可引导气流通过保险杠，从轮胎表面吹过，避免气流窜进轮拱内部，见图 1-2-17。这样设计有助于减少车轮所形成的紊流，从而有效减小空气阻力。

图 1-2-17

汽车造型上会有一些用来减小空气阻力的微小设计特征，标致5008车门拉手上隆起的两个条形小特征，见图1-2-18中箭头位置，可用来引导空气，避免形成紊流。

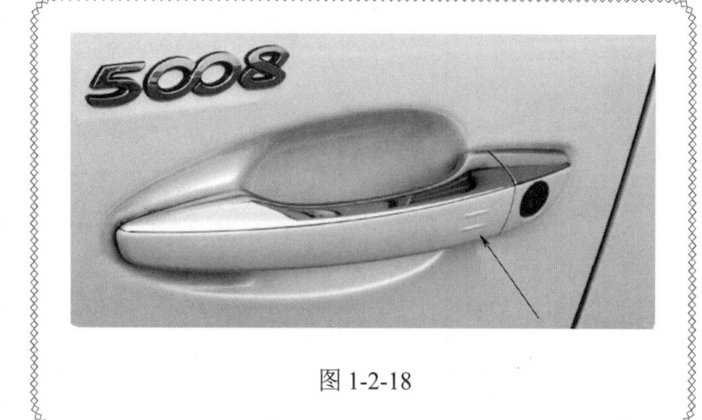

图1-2-18

雷克萨斯CT200h后灯侧面隆起的小特征，见图1-2-19中箭头位置，可用来引导空气，避免形成紊流。

后视镜和底座之间的间隙如果前大后小，当车辆前进时，气流会被动加速，当气流高速通过这个间隙时，会产生尖锐的啸叫声，图1-2-20所示的间隙是正常的。

图1-2-19

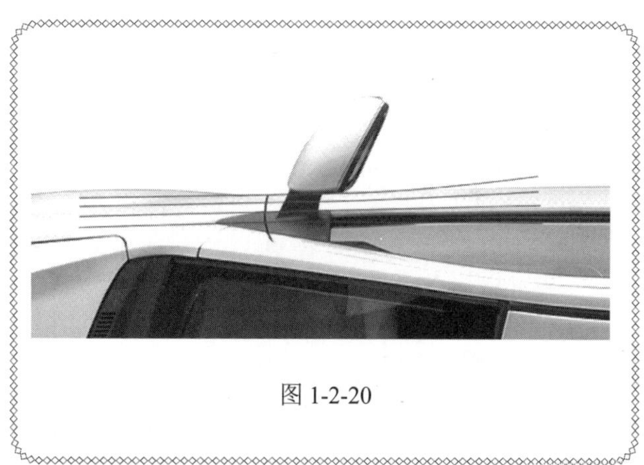

图1-2-20

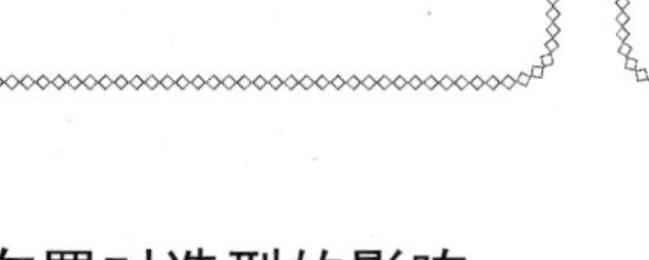

四、总布置对造型的影响

总布置小组负责控制其他的专业小组，其他专业小组的工作一方面受到总布置小组的限制，另一方面也有一定的自主性。换句话说，总布置可以为各专业小组提供一个可以施展才华的舞台，各小组只能在总布置限定的舞台上表演，不能跳下舞台去表演。总布置小组控制各专业小组的工具有硬点和主断面。

硬点是在整车开发中为保证零部件之间的协调和装配关系，以及造型风格要求所确定的坐标、控制点、控制线、控制面及控制结构的总称，所以会有底盘的硬点、车身的硬点、内外饰的硬点、乘员的硬点等。

比如后驱车和前驱车就有很大区别，从侧面看，翼子板的下沿区别很大。

宝马125i是后驱车，前轮与前车门距离很大，即翼子板的下沿很宽。奔驰A200是前驱车，翼子板的下沿就很窄，见图1-2-21中箭头位置。

前驱车和后驱车的对比见表1-2-4。

图 1-2-21

表 1-2-4

	前　驱　车	后　驱　车
前轮与前车门距离	小	大
翼子板的下沿	窄	宽
发动机	横置	纵置
乘员舱空间纵向尺寸	大	小
发动机舱纵向尺寸	小	大

主断面是汽车车身设计中的重要环节，它贯穿于整个汽车设计开发过程，即从效果图开始到结构设计完成的整个过程，它是工程可行性分析的重要手段和指导结构设计的重要依据。主断面定义了零件之间的结构断面形式以及装配、焊接、密封、涂胶等关系。整车一般有 57 个主断面。图 1-2-22 中显示了 A 柱位置的主断面，有钣金、塑料内饰板、风窗玻璃、橡胶密封件等。

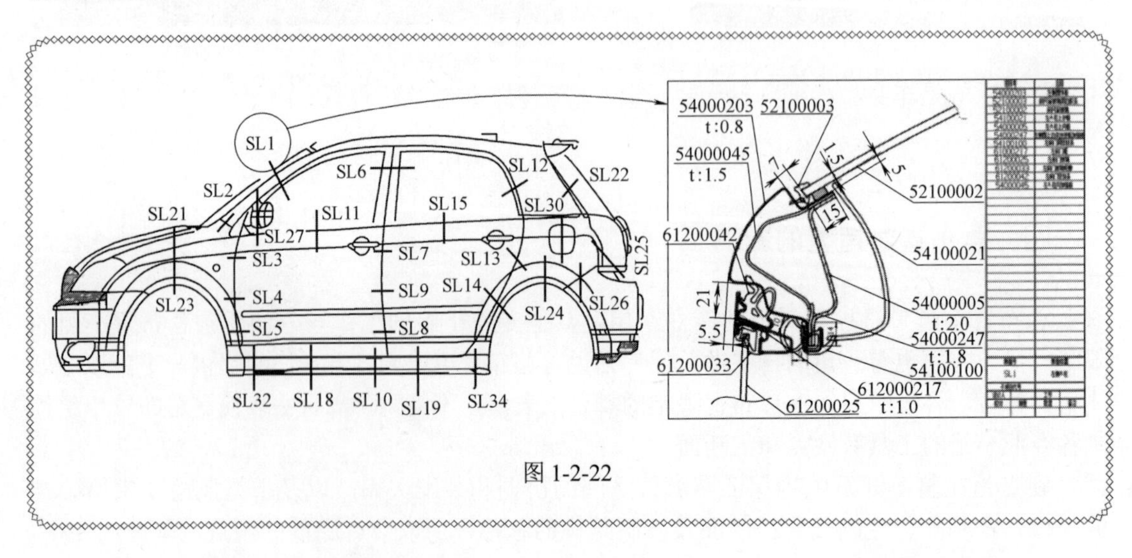

图 1-2-22

如果某个位置的主断面画不出来，工程可行性分析就不能通过，需要调整造型。

五、汽车散热的需要对造型的影响

如果没有散热格栅，汽车的散热状况将会恶化。1963 年 Studebaker 的 AVANTI 就是一

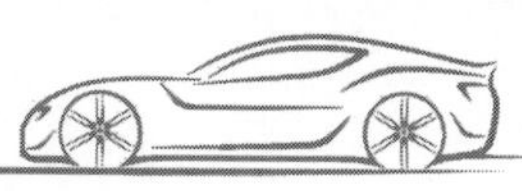

辆没有散热格栅的汽油车，见图 1-2-23。

汽车上的发动机和空调都需要散热，设计上需要有风吹向散热器。随着汽车的压缩比逐渐增大，对于散热的需求也越来越高。在一些气候比较热的山区，行车速度慢，汽车又处于高负荷的爬坡状态，对散热的需求也很高。这就需要我们在造型上考虑足够的散热区域。

图 1-2-24 箭头位置可以看到在散热器前面有一个防撞梁，这个防撞梁前还要安装高密度海绵，所以防撞梁区域是不透风的。

图 1-2-23

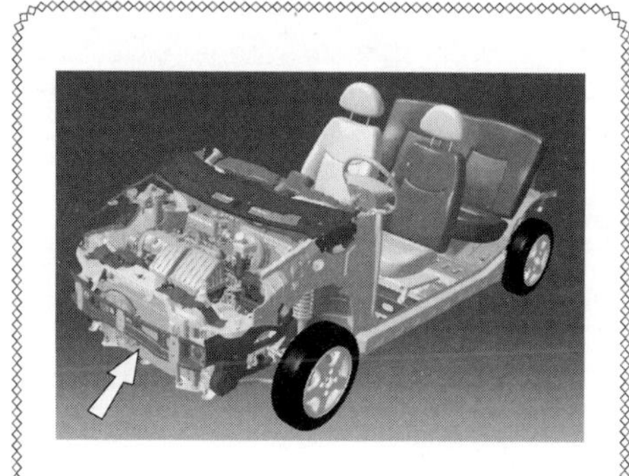

图 1-2-24

防撞梁把散热区分成上下两块，因为散热器的进水口在下方，出水口在上方，所以下方的散热区比上方的降温效率高，在需要选择的情况下，应确保防撞梁下方的散热区。

防撞梁后面是左右前纵梁，然后是前地板左右纵梁，这样可以把碰撞的力量传递到地板上，所以防撞梁的位置是靠下的，仅仅比地板高一点。图 1-2-25 中箭头所示为力的传递方向。

图 1-2-26 是车身结构图，箭头所示位置表示汽车前防撞梁位置。

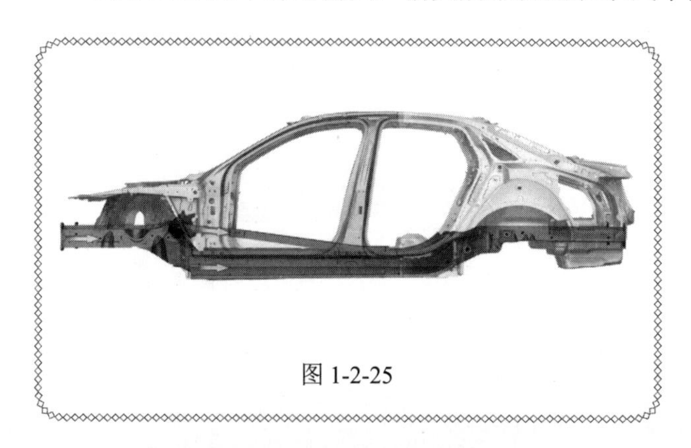

图 1-2-25

图 1-2-26

格栅和保险杠上的不进风区与防撞梁重合，才可以让格栅和保险杠上的进风区不被防撞梁挡住，从而获得最大的散热区域。

福特锐界前脸的非进风区域与前防撞梁基本重合，需要进风散热的格栅区则打通，成为进风区，不需要进风的区域则封闭，见图 1-2-27。没有进风要求的格栅不能打通，否则，进入的空气在发动机舱内会形成紊流，导致空气阻力变大。

图 1-2-27

为了获得更大的进风区域，有的车型会增加小块进风区，例如汉腾X7，见图 1-2-28，从上到下有三块散热区，中间那块感觉像是后加上去的。

图 1-2-28

图 1-2-29 中，2014 款瑞虎 5（左）保险杠上有两个进风区，2017 款瑞虎 5（右）保险杠上有三个进风区，这辆车正前方一共有五个进风区，设计相对繁琐。

电动汽车对散热的需求大大减少。特斯拉 Model S 的前脸设计就体现了这点，见图 1-2-30。

图 1-2-29

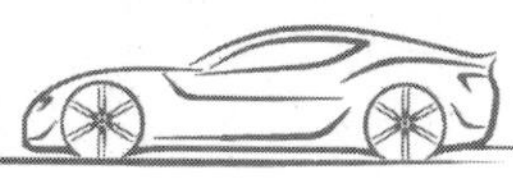

六、行人保护法规对造型的影响

行人保护法规要求发动机舱盖和发动机的距离大于95mm，以减轻对行人头部的撞击伤害，这样发动机舱盖设计得就不能太低。

行人保护法规禁止把行人卷到车轮下，因此在人的小腿处的保险杠最为突出，需要在小腿位置把人推开。奥迪Q5的前保险杠下唇（见图1-2-31箭头位置）很突出，就是用来推开小腿的。

图1-2-30

七、其他工程要求

捷豹F-pace发动机舱盖和保险杠的分缝线靠后，见图1-2-32，这样就减小了发动机舱盖，有利于减小噪声。

图1-2-31

图1-2-32

第三节　美学原则和谐设计

任何风格的汽车都需要和谐设计。和谐设计的美学原则有两个，一个是同调，另一个是平衡。

一、同调原则

同调是指点线面等几何要素之间有相似的属性。属性则包括走向、趋势、软硬等。

雷诺的标志上全部是直线，显得很刚猛。如果在造型中扩大标志的影响，将会带来造型上的刚猛感觉。雷诺 CLIO 的标志影响它的前格栅造型，进而影响整个汽车造型，见图 1-3-1。

图 1-3-1

同调不是平行，平行只是同调曲线的一种特例。在车辆的正前和正后的水平线出现平行线，可以显得稳重。但是，在车辆侧面的平行线往往会显得呆板。

汽车的俯视往往不受重视，但也不能不慎重考虑。图 1-3-2 中的两条线不是平行线，而是类似于同心圆。从汽车俯视看，外圈的线硬度一般高于内圈，这样的设计符合一般规律。内外圈曲线的属性对比见表 1-3-1。

表 1-3-1

属性	内圈曲线	外圈曲线
曲率	大	小
硬度	小	大

同调并非一定要是平行或同心圆，或同点放射线等。奔驰 C 级车行李舱盖的前段与后段就形成同调关系，见图 1-3-2。

奔驰 S 级的车轮开口线和轮包，虽然不是同心圆，但也形成同调的关系，见图 1-3-3。

奥迪梯形大嘴格栅的镀铬圈，上沿比下沿长，所以上沿比下沿粗，这就是严格的同调，见图 1-3-4。

现代 ix35 后尾灯侧面的一组线条体现的就是同调。同调线条组的疏密会出现一定的韵律感，见图 1-3-5。

日产 MICRA 前照灯是椭圆形，格栅是平行四边形，二者又靠得很近，感觉不够同调，见图 1-3-6。

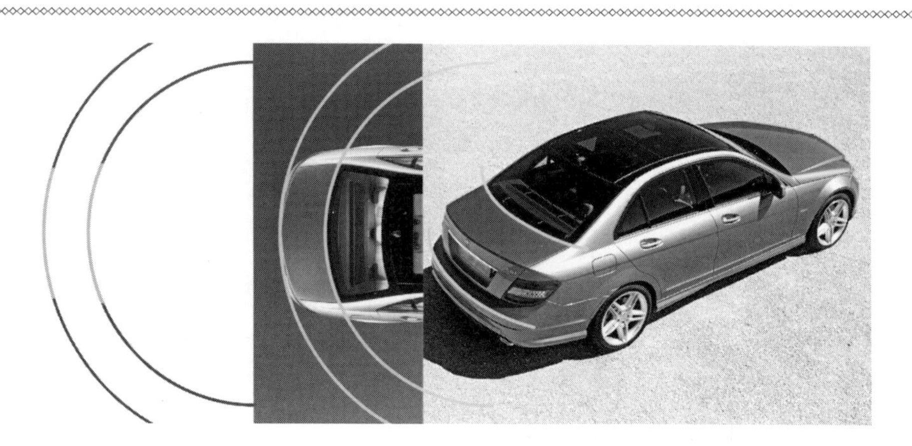

图 1-3-2

图 1-3-3

图 1-3-4

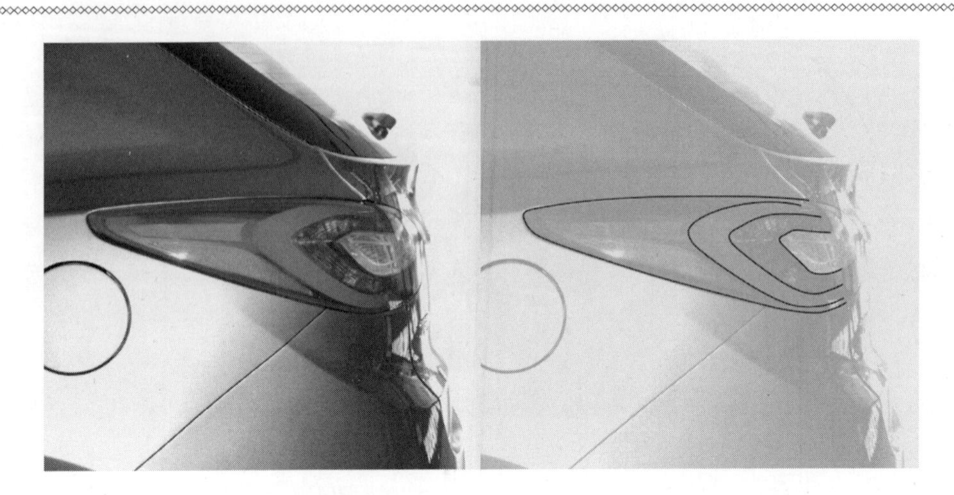

图 1-3-5

图 1-3-6

斯巴鲁 R2 的灯具和格栅相对同调一些，见图 1-3-7。

图 1-3-7

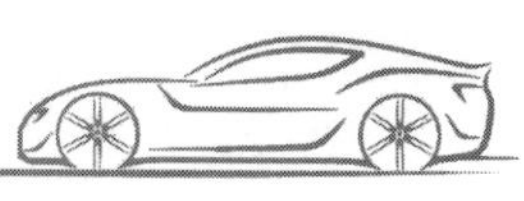

宝马未来 100 年概念车如图 1-3-8 所示，两线的走向不同，但是同调。

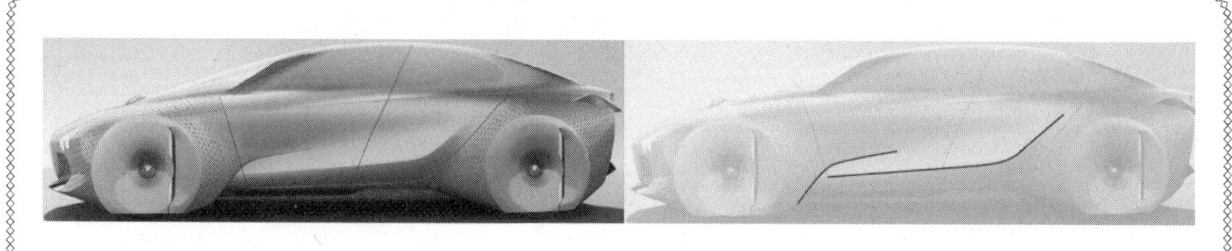

图 1-3-8

上汽荣威 RX5 的后尾灯亮起来的弧线也是同调的，见图 1-3-9。

图 1-3-9

二、平衡原则

图 1-3-10

平衡是参与造型的点线面等几何要素之间有感觉上的平衡。比如太极图，阴阳平衡，阴中有阳，阳中有阴，见图 1-3-10。平衡才能产生美感。

从整体看，有姿态的平衡（第二章第二节会详细讲到），局部细节也要处处体现平衡的理念。

1. 相离元素的平衡

图 1-3-11 是吉利豪情的量产版和概念版对比图，左边是量产版，右边是概念版，前照灯和前雾灯相距较远，但是材质相似，视觉形象相似，也存在平衡的关系。右车中，前组合灯和前雾灯比例不协调，前雾灯过大，喧宾夺主。量产版经过调整，加大了前照灯，缩小了前雾灯，效果要好一些。

图 1-3-11

2. 交叉元素的平衡

大众甲壳虫前照灯中，有一个投射灯和一个反射灯，投射灯占据面积小，反射灯占据面积大，这两个灯区域交叉重叠时，选择优先保证面积小的投射灯完整，见图 1-3-12。这就是平衡。

图 1-3-12

3. 相容元素的平衡

力帆 520 后尾灯里是红（制动灯、后雾灯）里有白（倒车灯、转向灯），白（倒车灯、

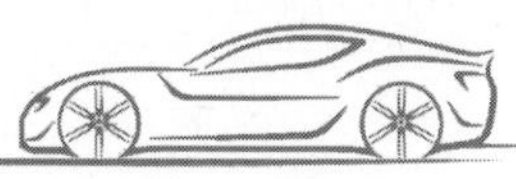

转向灯）里有红（反射器），见图 1-3-13。这样的设计和太极的平衡理念就很契合。

图 1-3-13

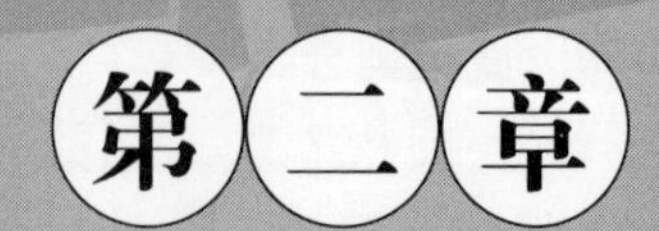

第二章 整车外观造型设计

汽车造型好在哪里？差在哪里？本章将要讲到这些问题，用三线法去分析车和设计车。

第一节 创 意

做造型设计专业的人一般考虑创意，非专业人员一般会考虑抄袭。无论现代科技多么先进，它始终无法代替设计师的创意。

有人说宝马汽车特征多，高光多、饱满。实际上，用户花钱绝不是想买一辆“特征多”的车，而是买一辆“好看”或“不难看”的车。

一、设计输入

1. 市场要求

来自市场的要求往往是一些词，这些外观定义词见表 2-1-1。

表 2-1-1

外观定义	相应的设计
可爱、亲和	外形圆润，友善的前脸表情
紧凑	前、后悬短
攻击性	外形锐利，愤怒的前脸表情
独特、创新、惊喜感	与众不同的造型、线条、特征和材料
古典、仿古	外形圆润，镀铬件多
时尚、流行	流行的审美要求是变化的，所以难以清晰说明
科技	随着科技的进步，运用的一些新配置，比如 HUD（抬头显示）、激光前照灯、自动驾驶等，这些科技配置是会逐渐变化的。ABS 和安全气囊曾经就是科技配置。造型上的科技感就是在某些细节上设计得有高科技的感觉，实际上与新科技运用没有任何关系
简洁	细节处理简单化
豪华	姿态稳重、空间大、设计严谨
动感、运动	视觉重心前移，纵向线条前倾
稳重	视觉重心后移，纵向线条水平布置
优雅	特征线长且富于变化

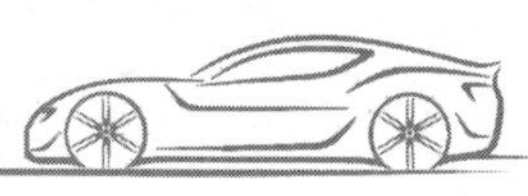

这些外观定义中，最重要的是运动和稳重，关系到车辆的姿态和比例。

Mini 和克莱斯勒 PT 漫步者（图 2-1-1）都属于古典造型，这种车一般比较稳重。

图 2-1-1

英菲尼迪 QX30 腰线从前照灯的上方飞跃而来，如一根飘带，感觉很优雅，见图 2-1-2。

图 2-1-2

奥迪 R8 前脸表情就很犀利，有攻击性，见图 2-1-3。

图 2-1-3

2. 工程要求

总布置会提供一些基本的参数和尺寸，用于开展造型设计工作，例如图 2-1-4 和图 2-1-5。

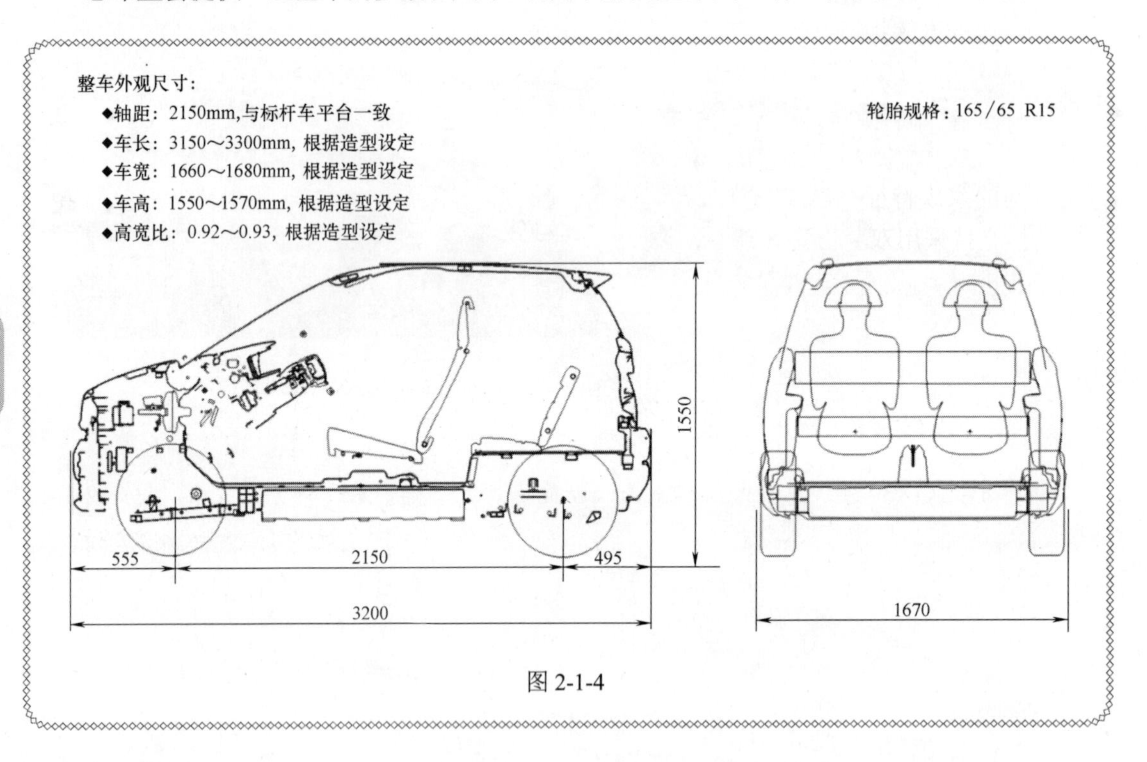

图 2-1-4

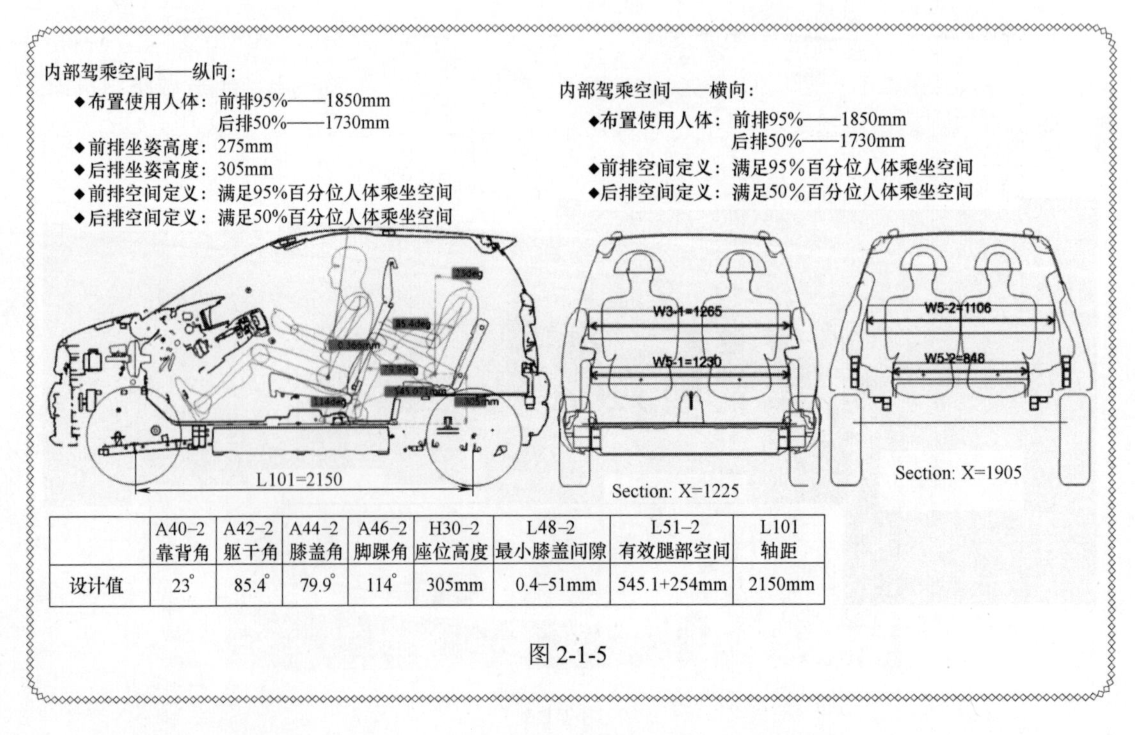

	A40–2 靠背角	A42–2 躯干角	A44–2 膝盖角	A46–2 脚踝角	H30–2 座位高度	L48–2 最小膝盖间隙	L51–2 有效腿部空间	L101 轴距
设计值	23°	85.4°	79.9°	114°	305mm	0.4–51mm	545.1+254mm	2150mm

图 2-1-5

可能还有一些附加约束条件，比如 A 柱不能变、顶盖不能变等。

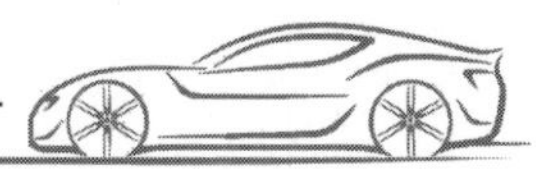

二、家族特征

1. 汽车的家族特征是什么

家族特征，又称为家族基因或设计 DNA，用以弘扬企业文化，彰显品牌价值，能让用户一眼辨识出一辆车到底是哪个汽车品牌，即使没看到这辆车的标志。

只有少数几个欧洲品牌有长期遗传的家族特征。

宝马的家族特征多年来变化不大，例如宝马 5 系，见图 2-1-6，即便是邦格主导的第五代，仍然坚持采用双肾格栅。

图 2-1-6

有的品牌没有源远流长、一以贯之的家族特征，比如雷克萨斯。

雷克萨斯 2012 年第四代大改款采用纺锤形格栅，是为了纪念丰田当年是做纺织机的。现在纺锤形特征格栅才延续了一代半，见图 2-1-7。

家族特征和时代特征是有区别的。很多人把家族特征与时代特征混为一谈了。家族特征，在下一代和前一代的车上都可以找到，家族特征大多通过格栅表现。时代特征是没有遗传功能的，典型的时代特征是灯具，因为技术的发展，某一代的车有相似的灯具设计，而下一代的车和现在的车就大相径庭了。

以下是奔驰三种车型，从左到右是同一时代的 C 级、E 级、S 级。

1998—2005 年这一代的奔驰有相同的前格栅，灯具相互间有点相似，前照灯边缘都有圆形元素，后尾灯都是三角形元素，整车型面相似，见图 2-1-8。

2005—2013 年这一代的奔驰有相同的前格栅，前后灯差别大，但是灯具边缘是硬朗弧线，整车型面处理相似。跟上一代比，前格栅几乎一样，见图 2-1-9。

2013—2020 年这一代奔驰，有相似的前格栅，灯具相互间也很相似，大量采用 LED 光源，灯具布置形式也很相似，整车型面处理相似，型面圆滑。奔驰 S 格栅与上一代相同，但是 C 和 E 的格栅与上一代相似，灯具和整车型面与上一代相比差别很大，见图 2-1-10。

家族特征会因为车型的市场定位不同而有区别。

比如宝马汽车的双肾格栅，运动型车 Z4 格栅修长飘逸，有速度感，越野车 X5 格栅方正强壮，有力量感，见图 2-1-11。

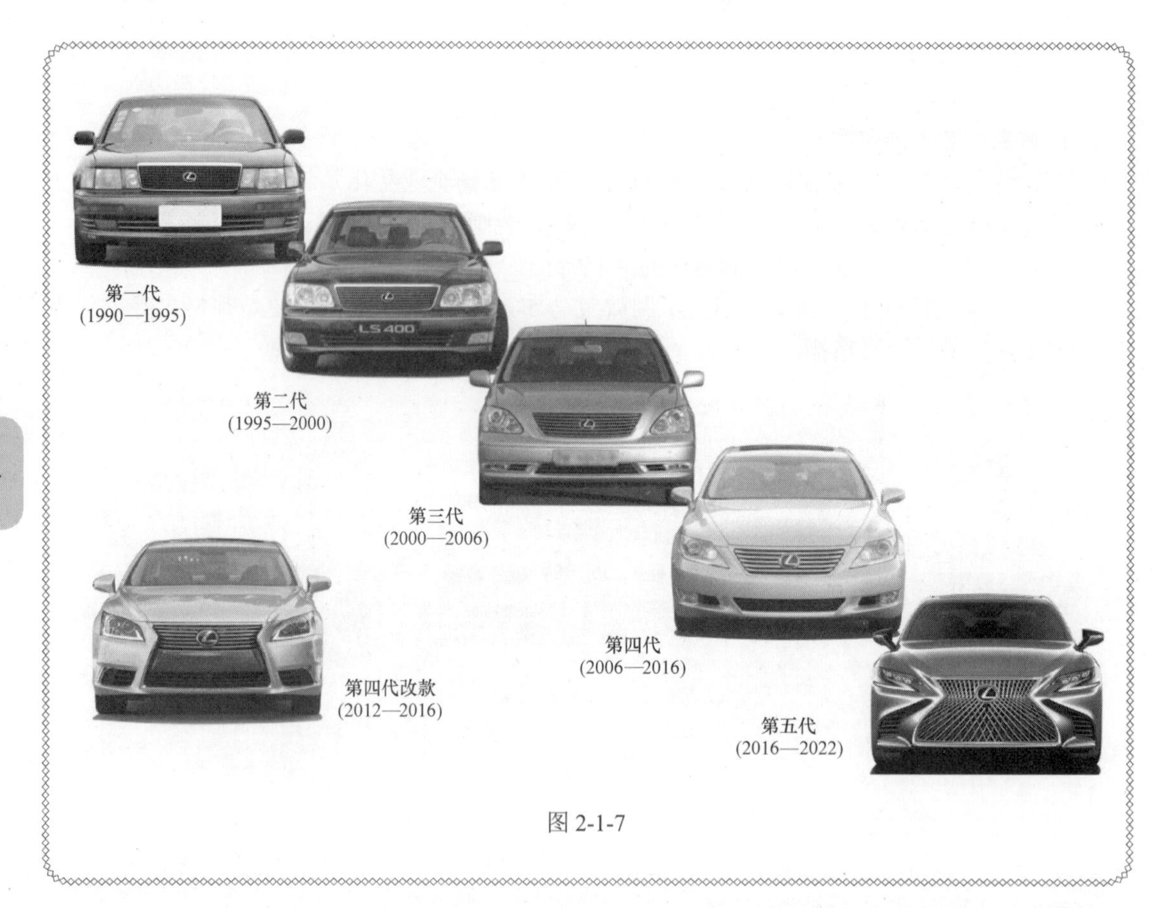
LS 400
第一代
(1990—1995)
第二代
(1995—2000)
第三代
(2000—2006)
第四代
(2006—2016)
第四代改款
(2012—2016)
第五代
(2016—2022)

图 2-1-7

图 2-1-8

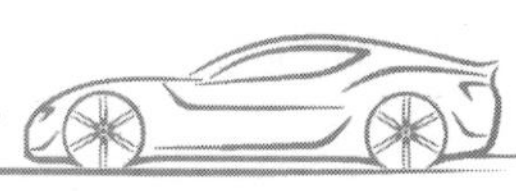

图 2-1-9

图 2-1-10

家族特征是随时间逐渐演变、与时俱进的。奥迪的家族特征大嘴格栅变化就很大，以奥迪 A6 为例，见图 2-1-12 ～图 2-1-15。

图 2-1-11

第一代
(1994—2002)

四边梯形大嘴
被保险杠分成两部分

图 2-1-12

第二代
(2002—2010)

四边梯形大嘴连成一体
变得柔和了一些

图 2-1-13

第三代
(2010—2017)

梯形大嘴多出来两条短边
变得硬朗了一些

图 2-1-14

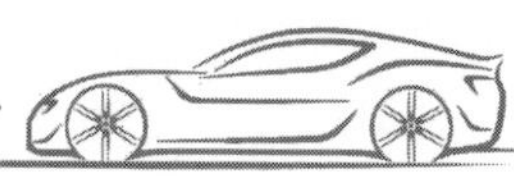

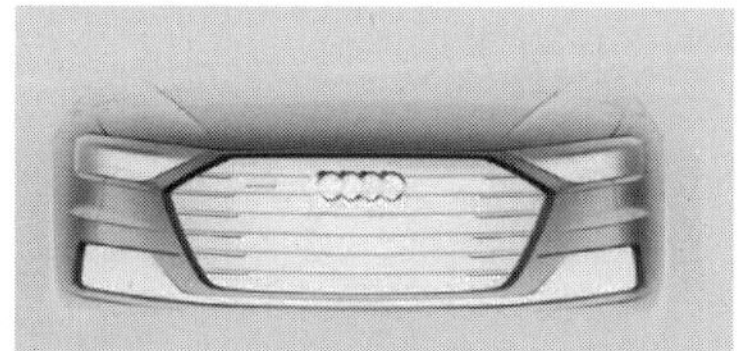

图 2-1-15

家族特征对造型的影响越大，推动家族特征演变的需求就越大，奥迪的大嘴对造型的影响大于宝马的双肾格栅，所以奥迪的大嘴特征变化很大，从梯形演化成了六边形。而奥迪 Q8 出现了八边形，走上了另外一条演变之路，见图 2-1-16。

图 2-1-16

家族特征要清晰，不能模棱两可，比如现代汽车的“流体雕塑”不能成为家族特征，只是创意来源，但是起亚的虎啸格栅就可以。图 2-1-17 为起亚部分虎啸格栅的车型。

图 2-1-17

2. 为什么要做家族特征设计

家族特征可以让用户在没有看到车标的情况下认识这辆车的品牌，比如宝马的双肾格栅，同时也是要付出代价的，就是要考虑到家族特征带来的弊端。

大众没有家族特征的束缚，就可以顺应潮流，把格栅和灯具进行一体化设计，而宝马就不能那么随意，只能坚守双肾格栅，见图 2-1-18。

图 2-1-18

3. 如何设计家族特征

家族特征的形成，也就是设计师们首先通过头脑风暴得出一些特征，通过一段时间的选择，甚至是几代的进化，最后确定一些造型特征，并加以持续应用或运用，不断改进。

家族特征应尽可能避免与知名度高的家族特征相似。庞蒂克的家族特征也是双肾格栅，就只能生活在宝马的阴影里了，见图 2-1-19。

图 2-1-19

有的品牌的某个车型故意做成和宝马一样的双肾格栅，这就有点东施效颦了。

广汽传祺的家族特征是凌云翼格栅横条，这几种车分别是普通乘用车、SUV、MPV，格栅的边界形状各不相同，但是格栅内的横条很相似，见图 2-1-20。

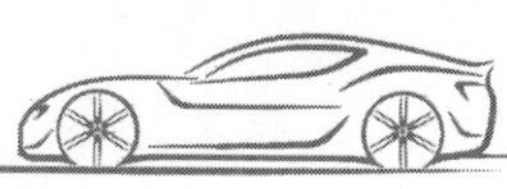

图 2-1-20

有的品牌虽然没有从诞生起延续到现在的家族特征，但在某一个时期内的各型产品，即同代车型，在造型上有一定的相似特征。名爵（MG）就是这样的，家族特征与时俱进，在设计家族特征时，把前照灯的边界形状也包含在内，见图 2-1-21。

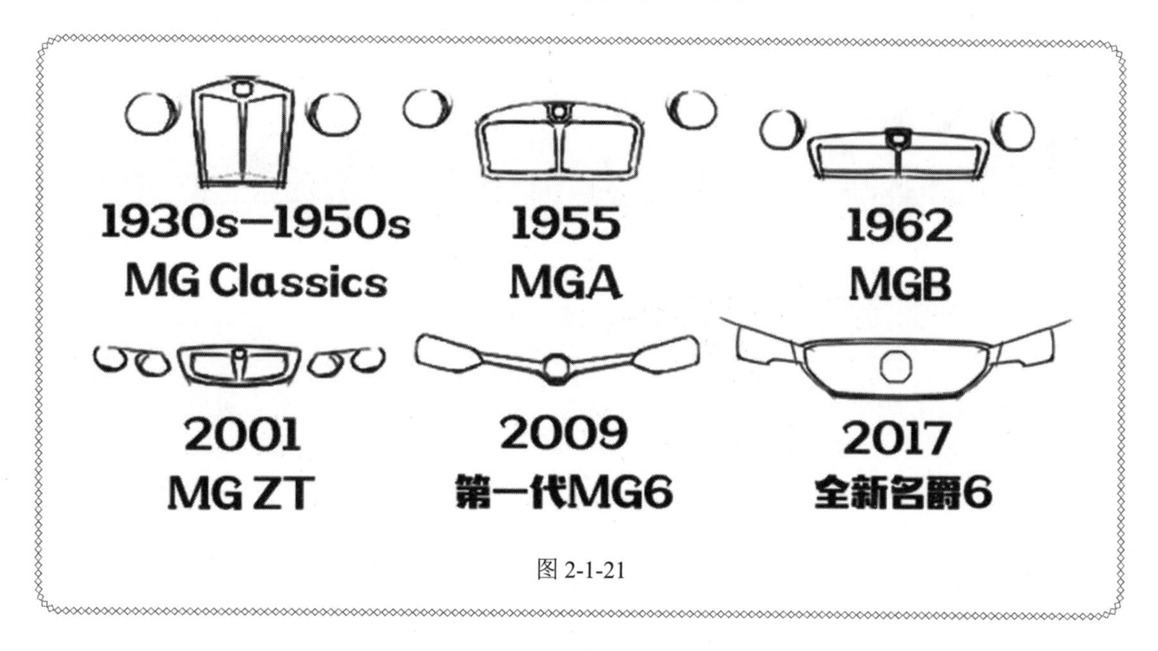

图 2-1-21

2009 年名爵（MG）有一些车的格栅是窄缝造型，见图 2-1-22。

2017 年名爵还有一些车是六边形格栅，格栅内部是点状，称为星辉骑盾格栅，见图 2-1-23。

三、创意的源头

1. 中国文化

中国文化源远流长，可以借鉴的东西很多，比如平衡就是一种很好的造型设计理念。

图 2-1-22

图 2-1-23

吉利帝豪 GL 等多款车就依据西湖断桥的中国式美景，作为仪表台设计的创意，见图 2-1-24。

图 2-1-24

众泰 T500 等多款车的隐格栅用中国式花窗创意来设计，见图 2-1-25。

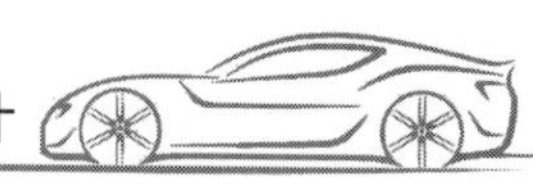

图 2-1-25

2. 汉字

汉字作为中国文化的载体，内涵丰富。如果挖掘出来作为创意的起点，也是可以考虑的。汉字有形、音、义三个要素，在三个方面都比较好的汉字并不好找，有的就找一两个方面的就行，在形、音、义中，“义”最为重要。仅仅从汉字的义出发来创意就是可行的。

马自达的概念车清（KIYORA），见图 2-1-26，就是从汉字“清”创意来设计的。清，就是清澈的水流，整体的造型呈水滴状，大面积的侧窗玻璃和全景天窗都使用蓝绿色的玻璃，显得晶莹剔透，后风窗玻璃上还设计了优雅的水波纹线条，灯具、进气口、车身线条和轮毂的辐条都采用水流的造型。

极少数汉字从形、音、义三方面都可以作为创意的起点，比如，“燕”字用来创意设计是可以考虑的。宝马 2009 年概念车 EfficientDynamics，正前方姿态与汉字“燕”相似，见图 2-1-27。

3. 动物形态

动物是自然界的精灵，动物形态是长期自然选择的结果。动物形态可以应用在创意中。问题的关键在于找到契合点。

第一章第二节提到的奔驰鱼形车 Bionic 是从热带硬鳞鱼的形态演化而来的。这种鱼有优美的流线型躯体，水的阻力很小，汽车也追求更小的空气阻力，契合点是阻力小，暗示可以跑得快。

吉利熊猫模仿熊猫的形态，小车需要设计得可爱，熊猫也比较可爱，契合点是“萌”，整辆车设计得圆滚滚的，前照灯像熊猫眼睛，后尾灯像熊掌，有点萌，见图 2-1-28。这种截取动物“萌”的创意思路在汽车行业不多，这是一种创新。

图 2-1-26

图 2-1-27

陆地上跑得最快的动物是猎豹，崇尚运动的马自达汽车就采用猎豹的形态进行创意。第一步，采集猎豹的运动姿态，见图 2-1-29。

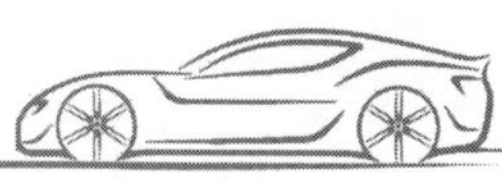

图 2-1-28

图 2-1-29

第二步，进行提炼，形成了第一个概念模型，见图 2-1-30。这个模型很接近猎豹形态，与汽车相去甚远。

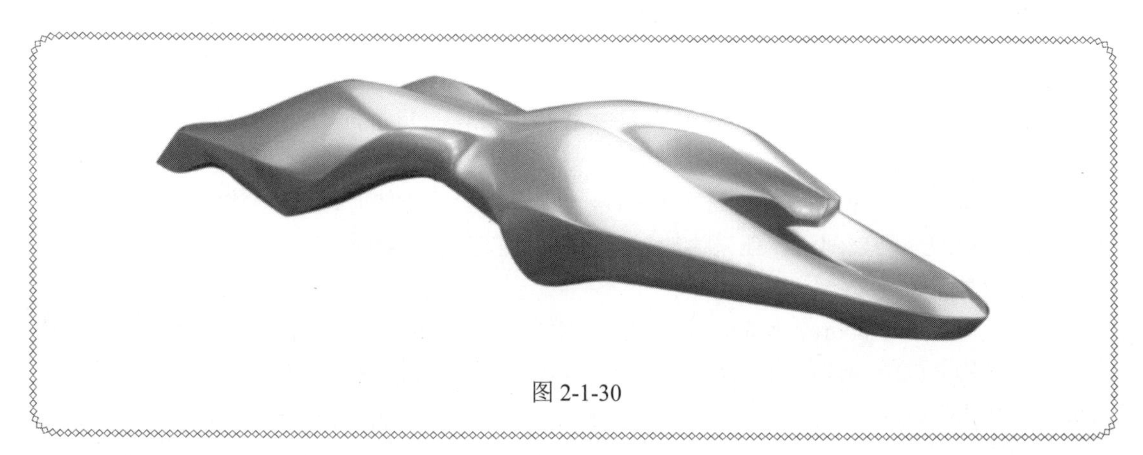
图 2-1-30

第三步，提炼第二个概念模型，见图 2-1-31。这个模型逐渐接近车身形态。

图 2-1-31

第四步，设计概念车，见图 2-1-32。

图 2-1-32

第五步，处理工程、工艺、成本等问题，量产化，见图 2-1-33。

提炼时应抓住主要的形态，忽略次要的形态，每一次提炼形态都用效果图和油泥模型来推敲。

轿车需要体现速度，SUV 需要体现力量，轿车已经有高速度的动物来创意了，SUV 似乎可以找强壮的动物来创意。斯柯达的科迪亚克就是棕熊的意思。

4. 其他物品

马自达概念车 Kabura，Kabura 的意思是鸣镝，就是响箭，箭头带孔，射出后产生啸叫声，可以对敌人施加心理压力，见图 2-1-34。Kabura 是两门轿跑车，机舱盖上有块玻璃，算箭头上的开孔吧。

图 2-1-33

图 2-1-34

现代汽车流体雕塑，所谓“流体雕塑”就是从流体几何形象中获得启示，将此形象固化，用于汽车设计，从而使汽车充满动感。

四、汽车外观造型趋势

1. 立体化

（1）形体立体化

本田思域和马自达 CX-5 前脸起伏剧烈，层次丰富，见图 2-1-35。

三菱 VIZIV Performance 的前部形状主要是六边形格栅发散出来的立体，见图 2-1-36。

图 2-1-35

图 2-1-36

长安逸动，格栅上的亮条箭头所指的面扭转得很厉害，立体感很好，见图 2-1-37。

图 2-1-37

（2）层次叠加

马自达睿翼的前照灯和后尾灯都采用相似菱形设计元素的叠加，营造层次，加强立体感，见图 2-1-38。

图 2-1-38

（3）材质对比

一般来说，后尾灯的通透性远远低于前照灯，不如前照灯那么透明，后尾灯的立体化也很重要，Macan 后尾灯外表面立体化。这个后尾灯不仅有形体上的立体化，而且凸出的区域是红色，凹下的区域是黑色，强化了立体感，见图 2-1-39。

图 2-1-39

（4）布置立体线条

力帆 X70 在格栅上布置隐形的六棱台，距离稍远一点就可以看出来，见图 2-1-40。

图 2-1-40

奥迪 A4 的格栅设计也是这样的六棱台，见图 2-1-41。

图 2-1-41

（5）参数化设计

参数化的元素可以是立体的小特征，比如奥迪 E-tron 的格栅，运用参数化特征营造逐渐突出的立体形状。中间的凸出区域犹如从水中跃出的潜水艇，参数化特征犹如艇身上的浪花，见图 2-1-42。

图 2-1-42

2. 融合

同调是融合的一种实现方式，融合还有其他形式。融合可以让汽车零部件各设计元素和谐统一。

（1）相同的设计元素串联各零件

荣威 eRX5 和力帆 X80 都有三根亮条

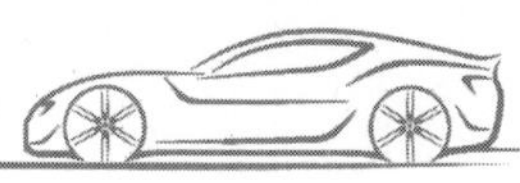

从格栅穿到前照灯区域，见图 2-1-43。

图 2-1-43

福特撼路者，前保险杠的银色挡泥板往两侧延伸，包裹了前雾灯，让二者融为一体。后雾灯也是这样操作的，见图 2-1-44。

图 2-1-44

（2）在不同的零件上重复运用相同的设计元素

大众 T-CROSS 灯具的设计采用与格栅相同的六边形元素，在灯具区域的六边形，点亮成为昼间行驶灯了，见图 2-1-45。

正道 GT 的格栅，类似回旋镖的特征在前照灯和格栅上对称同调排列，每个回旋镖的后面排列很多细格栅形成弧面，就像正道标志开辟出来的层层波浪。在点亮灯光的时候，格栅也有灯光，散发出魔幻的味道，见图 2-1-46。在灯具区域的回旋镖的缝隙里，布置了 LED 的远近光。

图 2-1-45

图 2-1-46

（3）相邻设计元素之间相互影响

让曲面活起来，曲面之间不再是孤立的，而是相互影响的。

奇瑞 QQ 车的外拉手周围的车身钣金面都跟着隆起，呼应门拉手的型面，见图 2-1-47。

（4）不相邻的设计元素之间互相呼应

雷克萨斯 NX300h 的昼间灯、灯具坑的折面、格栅边界之间形成了明显的呼应关系，有利于形成一个整体，见图 2-1-48。

瑞麒 G5 格栅被防撞梁分为两段，上下格栅有相似的形状，且有呼应的关系，上格栅设计了往下延伸的亮条，但是下格栅没有设计亮条予以呼应，如果像图 2-1-49 右边那样在下格栅设计一根亮条来呼应上格栅，是否显得整体化一点呢？

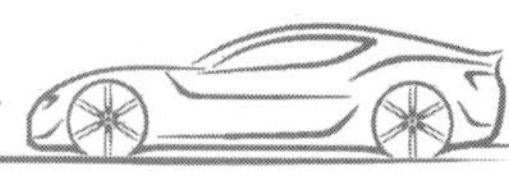

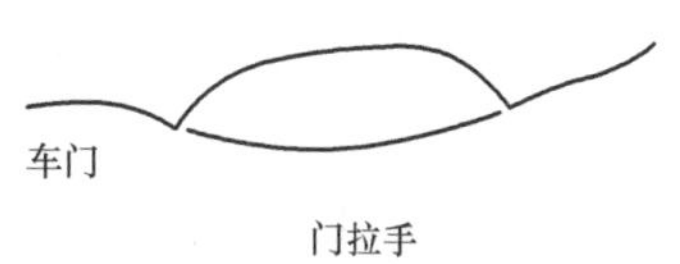

图 2-1-47

图 2-1-48

图 2-1-49

（5）参数化设计

最常见的参数化渐变设计的位置是前后风窗玻璃边界，黑边有逐渐变化的圆点，见图 2-1-50 用来融合黑色非透明区域与透明区域。

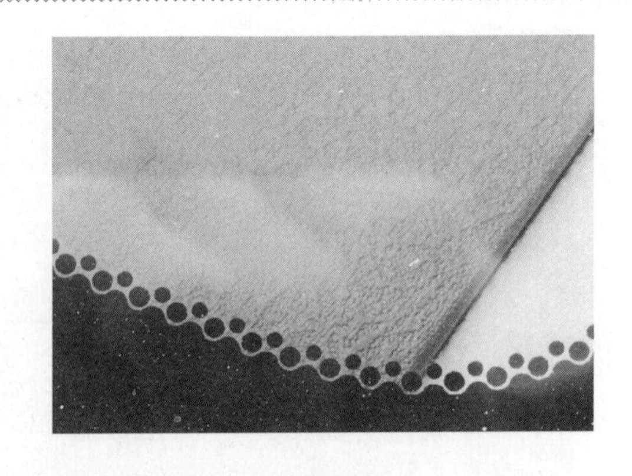
图 2-1-50

smart 的电动汽车 vision EQ 的车门与风窗玻璃的网点很像玻璃黑边的放大版，见图 2-1-51。

smart forus 在前格栅、后轮包都有相似的六边形参数化特征，见图 2-1-52。

吉利 MPV 概念车的前照灯后方有参数化设计的元素，用来融合前照灯和翼子板，见图 2-1-53。

图 2-1-51

图 2-1-52

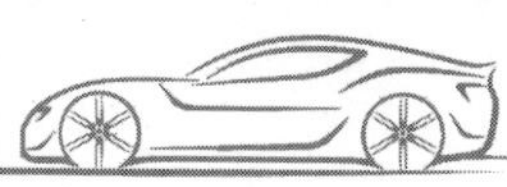

图 2-1-53

第二节　姿　　态

对人来说，比例与姿态相比，比例更加重要，因为姿态相对容易改变。而汽车的姿态更重要，因为汽车的姿态随着载重变化不大。

一、整车姿态的最低要求是平衡

整车姿态有运动和稳重两种倾向，如果需要强调运动倾向，就是要有动势，但是也要有平衡。人的四种姿态见表 2-2-1。

表 2-2-1

斜　躺	各就各位	预　备	跑
无动势，有平衡	动势弱，有平衡	有动势，有平衡	有动势，无平衡

“预备”这种状态有动势且有平衡，是大多数汽车追求的状态。斜躺这种姿势比较稳重，部分豪华汽车和古典主义造型的汽车姿态追求稳重，比如 mini。

二、影响姿态的纵向线束

影响姿态的纵向线束最重要的有三条，这三条从上到下是：顶盖线、水切线和腰线。

福特嘉年华的水切线和腰线往上飘，显示出强烈的动感，用顶盖线往下压予以平衡，见图 2-2-1。

图 2-2-1

印度马恒达公司的电动汽车 REVAi，水切线和腰线往前倾斜，顶盖线与水切线平行，也是这样倾斜的，顶盖后段没有下压来平衡，见图 2-2-2。这辆车感觉就不平衡，就像脚被绊倒后往前跌倒的姿态。

图 2-2-2

韩国双龙享御，水切线非常倾斜，是动感强烈的姿态，顶盖线后段感觉可以再下压一点，见图 2-2-3。

马自达 CX-4 是动感造型，从前往后看，双腰线是上扬的趋势，水切线也是上扬，为了平衡腰线和水切线的上扬，顶盖线后部下压，见图 2-2-4。这导致后排乘客的头部空间受到压缩，也算为造型付出的代价。

马自达 CX-5 是稳重造型，腰线和水切线很平，顶盖线也很平，很稳重，见图 2-2-5。

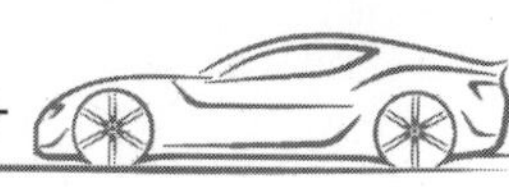

图 2-2-3

图 2-2-4

图 2-2-5

三、影响姿态的视觉重心

在侧视图上，前后风窗玻璃外轮廓线的延长线交于一点就是视觉重心。
视觉重心越靠前，运动感越强，反之稳重感强。
视觉重心越低（$R=a/b$ 值越小），运动感越强，反之稳重感强。
a 是视觉重心离顶盖的距离，b 是视觉重心离水切线的距离。

2004 年的 mini 和 1974 年的 mini 相比，视觉重心后移，更加强调车辆的稳重感，见图 2-2-6。

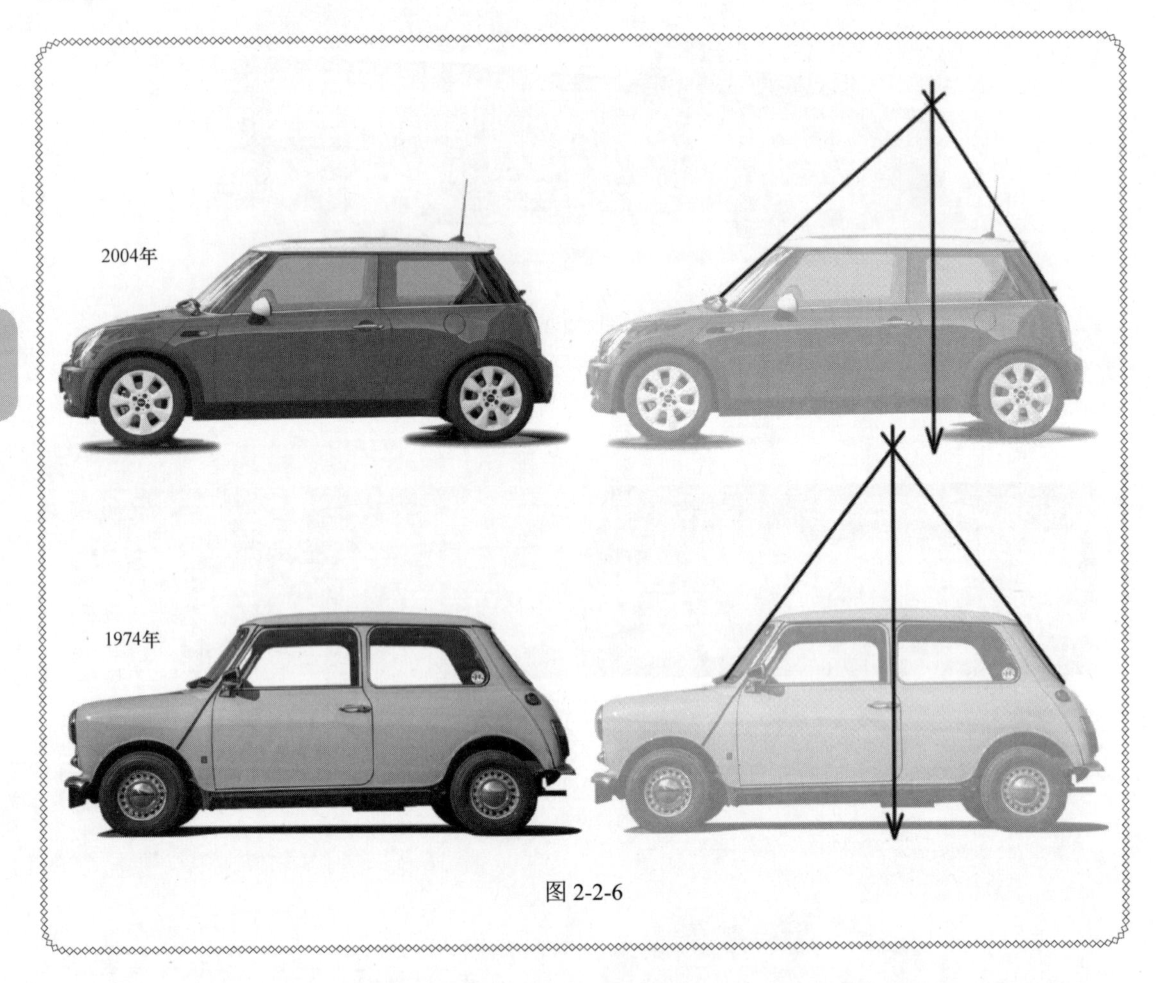

图 2-2-6

丰田卡罗拉和 RAV4 的视觉重心 *R* 值看，卡罗拉的 *R* 值是 0.3，RAV4 的 *R* 值是 0.7。RAV4 的 *R* 值远远大于卡罗拉，SUV 的姿态与轿车比更加稳重。

从视觉重心前后位置看，RAV4 的视觉重心在 C 柱，而卡罗拉的视觉重心在 B 柱，RAV4 的直觉重心明显靠后，也说明 SUV 的姿态和轿车比更加稳重，见图 2-2-7。

如果视觉重心不在两根车轮轴之间，车辆就会缺乏最起码的平衡感。

雪铁龙 Ami 6 的 C 柱有夸张的后倾设计，它即使在静止状态，也会给人一种台风刮过的错觉，见图 2-2-8，有点缺乏平衡感。

丰田 Will Vi 也是这种欠缺平衡感的设计，只是比雪铁龙 Ami 6 稍好，见图 2-2-9。

四、姿态分析实例

标致 BB1 是踏板摩托车和微型轿车的结合体，没有采用转向盘，也没有加速踏板和制动踏板，所有操作都通过摩托车式的手把完成。这辆车如果作为汽车来看，是丧失平衡的一

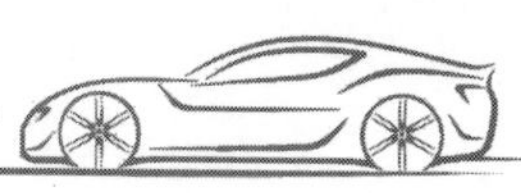

图 2-2-7

图 2-2-8

图 2-2-9

辆车。竖向线束显示视觉中心过于靠前。横向的水切线和腰线非常倾斜，而顶盖线没有发挥平衡的作用，整辆车就像有人跑步时失衡向前跌倒的状态，见图 2-2-10。

图 2-2-10

邦戈式宝马车尾的来历，见图 2-2-11。

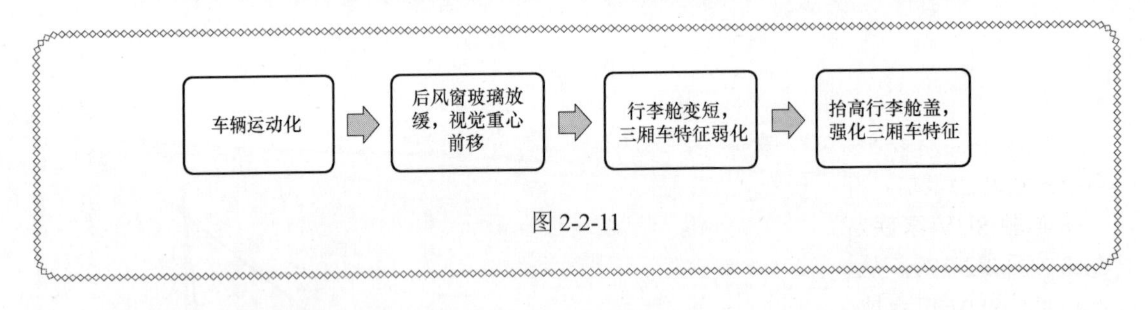

图 2-2-11

对比第三代和第四代宝马 7 系，第三代轴距是 2930mm，第四代轴距是 2990mm，第四代的视觉重心明显靠前，而且低矮。如果不抬高行李舱，外观上与溜背式两厢车相近，三厢车的特征将会弱化，见图 2-2-12。

全新胜达和格锐，有相同的前脸和内饰，但是轴距相差 100mm，全新胜达轴距是 2700mm，格锐的轴距是 2800mm，见图 2-2-13。

这两辆车在侧面姿态差别较大。格锐显得稳重。全新胜达的水切线后段有上扬的趋势，顶盖后段下压得多，后风窗玻璃很斜，视觉重心靠前，相对低矮，动感强烈。全新胜达顶盖后段下压得多，第三排座位乘客的头部空间很局促。

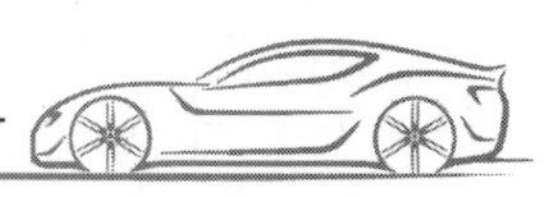

图 2-2-12

图 2-2-13

这两辆车的 D 柱后沿和后风窗玻璃相比，倾斜得更加严重，这样视觉上会误以为 D 柱后沿是后风窗玻璃，从而把视觉重心提前，提升动感。

奔驰 SUV 家族从小到大是：GLA（图 2-2-14）、GLC（图 2-2-15）、GLE（图 2-2-16）、GLS（图 2-2-17），从视觉重心和纵向线束的角度来看姿态，就是从动感到稳重的变化。由此可见，SUV 尺寸越大，造型一般越稳重。

图 2-2-14

图 2-2-15

图 2-2-16

图 2-2-17

第三节 比 例

一、车辆比例与透视

有的正侧面效果图的底图来自总布置侧视图，而总布置侧视图是正投影图，正投影图

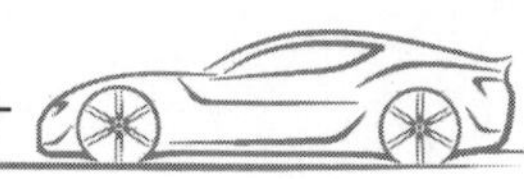

相当于在无限远的地方看到车的效果。真实世界中的车，眼睛看到的影像是有透视效果的，照片也是有透视效果的，照相的距离越近，透视效果越明显。从侧面看，投影图上的车身比透视图显得修长。

图 2-3-1 中是力帆 530 的效果图和实车照片，效果图上这辆车明显长一些，特别是前后悬很长，长得让人难以接受。这幅效果图是投影图。

正前正后的效果图，一般也是在总布置提供的底图上画的，也是正投影图。正前正后的正投影效果图和实车相比，要高一些，瘦一些，后视镜大小不同，见图 2-3-2。

图 2-3-1

图 2-3-2

前 45°和后 45°的效果图，一般会采用有透视的底图。

二、车轮比例

车辆造型中的直观衡量单位是车轮直径，概念车效果图往往会夸大车轮直径，车轮大的车更有气势。图 2-3-3 是宝马 X6 的 2009 款概念车效果图和实车照片。图 2-3-3 中，效果图中的车轮外径大，轮毂占车轮的比例也大。

图 2-3-3

设计主要是靠经验和直觉，所以比例不是绝对的，不需要纠结准确的比例，不需要也不可能非要达到黄金分割比例。如果说每条线都需要严格的计算，设计工作就只能委托给计算机，而不是设计师了。

设计车型时，起初的参考点就是轮子。一旦轮子被定位，我们就可以一条线一条线地构造出车的其他部分。从力帆 620 和奔驰 E 200L 的分析图看，力帆 620 和奔驰 E 200L 的轴距大概是 4.2 个车轮，见图 2-3-4。

图 2-3-4

力帆 620 高度是 2.4 个车轮，奔驰 E 200L 是 2.2 个车轮，车辆的长度越大，车辆高度的车轮数量越少，见图 2-3-5。

不能把轮子和车身间隙设计得过小，后轮有跳动，前轮除了跳动，还有转向，如果间隙太小，车轮和挡泥板之间会产生干涉。

图 2-3-5

三、水切线比例

车窗和车体之间的比例也是汽车比例中最重要的方面之一。车窗通常占据整车高度的 1/3。更小的玻璃面积意味着更有运动感。有的驾驶人喜欢把手肘放在车门窗台上，水切线如果太高，这样的动作难以实现，车内乘客（特别是后排乘客）会有封闭感。

路虎揽胜极光（图 2-3-6）、揽胜星脉（图 2-3-7）、揽胜运动版（图 2-3-8）、揽胜（图 2-3-9）相比，车越来越大，稳重感越强，玻璃比例越来越大。

图 2-3-6

图 2-3-7

图 2-3-8

图 2-3-9

大众途观第一代的玻璃比例也大于第二代，见图 2-3-10。

图 2-3-10

因为受后轮的影响，如果后门玻璃较大的话，就不能完全收回到车门里。力帆 520 车的后门玻璃可以降到标识位置，就不能完全下降到车门之内，见图 2-3-11。

为了避免这种情况，有的车型把后门玻璃一分为二，在后门玻璃分一块玻璃出来固定不动，这样前部活动的玻璃就可以降到车门之内。比如力帆 820 后门后部就有一块固定玻璃，见图 2-3-12。

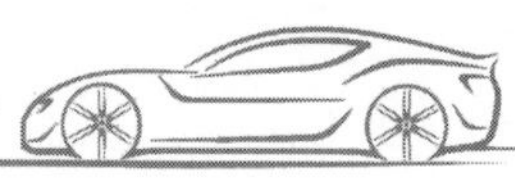

图 2-3-11

图 2-3-12

四、电动汽车单厢化趋势

汽油车的前悬主要是为了布置发动机，电动汽车没有发动机，电动机布置在两个车轮之间，蓄电池布置在地板下面，这样可以设计极小的前悬，后悬也可以很小，整辆汽车就单厢化了。

大众的 ID 电动汽车就是典型的单厢化电动车，见图 2-3-13。

图 2-3-13

特斯拉 Model S 外形像汽油车，只是为了让外形获得更小的空气阻力，进而获得百公里加速 2.8s 的超级跑车性能。前悬主要布置一个行李舱。类似于中置发动机的超级跑车整体布置，见图 2-3-14。

图 2-3-14

第四节　布　置　线

线的布置，首先需要考虑姿态和比例，这两个问题最重要，所以在前两节单独讲，关于布置线的主要内容就在前两节中，本节讲剩下的布置线的问题。

一、整体布置线

汽车外观造型从六个角度考虑布置线。

汽车是一个 3D 空间的实体，在构思汽车外形时，布置线至少需要从六个角度来考虑，这六个角度是正侧、正前、前 45°、正后、后 45°、俯视。在解读现有汽车设计时也要从这六个角度来考虑。其中最重要的是正侧。正侧视图受总布置的影响较大。设计中最富有激情的线条会出现在侧面，各角度在造型中的重要程度和作用见表 2-4-1。

表 2-4-1

	重要程度	造型中的作用
正侧	★★★★★	决定整车的姿态和比例等
正前	★★★★	表达车辆的表情，DNA，影响整车的姿态和比例
前 45°	★★★	正前和正侧的过渡
正后	★★★	影响整车的姿态和比例
后 45°	★★★	正后与正侧的过渡
俯视	★★★★	影响整车的比例

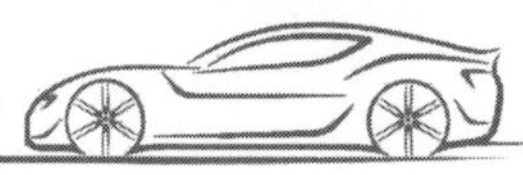

1. 正侧

正侧首先考虑的是姿态和比例。决定姿态和比例的因素，要看车辆是需要运动还是稳重，还有车辆的类型和级别。侧面重要线条的作用和重要性见表 2-4-2。

表 2-4-2

	总布置或其他工程要求	造型作用	重要性
Y0 顶盖线	满足头部空间	用来平衡水切线和腰线	★★★★★
Y0 前后风窗玻璃线	满足机舱布置、视野	用来调节视觉重心，从而影响姿态	★★★★★
Y0 机舱盖线	满足机舱布置、前视野、行人碰撞	对姿态有一定影响	★★★★
Y0 行李舱盖线	满足行李舱布置	对姿态有一定影响	★★★★
Y0 前格栅和前保险杠线	满足机舱布置、行人碰撞，要求相对低	对姿态有一定影响	★★★
水切线	侧面视野	从车身比例和倾斜度两方面影响姿态	★★★★★
腰线	要求相对低	倾斜度影响姿态	★★★★
裙线	要求相对低	倾斜度影响姿态	★★★
车轮开口线	满足车轮跳动	圆形，SUV 可能选异形	★★
轮包线	要求相对低	对姿态有一定影响	★★

Y0 就是对称面，因为汽车数据的横向坐标一般用 Y 方向，Y 方向数值为 0 的位置就是对称面的位置。

（1）腰线设计

单腰线，奔驰 A 级就是单腰线，见图 2-4-1。车身不长的车型尽量采用单腰线设计，可以避免拥挤。

图 2-4-1

双腰线，奔驰 GLC Coupe 和宝马 X4 都是双腰线设计，见图 2-4-2。奔驰 GLC 的腰线更平和、自然一些。

双腰线之间要有足够大的距离，不要太近。雷克萨斯 CT200H 双腰线的距离感觉太近了，见图 2-4-3。

小车的纵向尺寸不大，适合采用单腰线，如果小车采用双腰线，可能会显得拥挤。

三腰线，纵向布置的三腰线，一般是前后线高，中间线低。现代 ix35 就是这种布置方式，见图 2-4-4。三腰线一般在腰线比较平的情况下出现。

图 2-4-2

图 2-4-3

图 2-4-4

单厢化的新能源汽车大多采用这样的三腰线布置方式。乐视汽车法拉第未来 Faraday Future91 就是这种设计，见图 2-4-5。

并排布置三根腰线是极其罕见的，马自达 5 布置了三根长度相近的同调的腰线，见图 2-4-6。这种布置方式效果还是不错。

特殊腰线布置：

雪铁龙毕加索的腰线和侧转向灯设计在一起，瑞虎 7 围绕侧转向灯设计了并排双腰线，见图 2-4-7。

图 2-4-5

图 2-4-6

图 2-4-7

瑞虎侧转向灯的外面还设计了镀铬装饰件，让人感觉腰线是一艘快艇在水面激起的波浪，见图 2-4-8。

纳智捷优 6 SUV 的腰线与瑞虎 7 相似，见图 2-4-9。

图 2-4-8

图 2-4-9

电咖 EV100 的腰线前端有个急转，如果像图 2-4-10 右边那样在腰线转弯的地方（箭头位置）放个转向灯或装饰件就更好一些。

图 2-4-10

腰线和裙线的距离越大，豪华感就越强烈。

宝马 3 系（图 2-4-11）、5 系（图 2-4-12）、7 系（图 2-4-13）三款车型相比，车越大，腰线和裙线的距离比例越大，显得越豪华，这符合产品的市场定位。

创新的腰线，奇点 is6 的腰线就非常罕见，有点像数字“6”，见图 2-4-14。

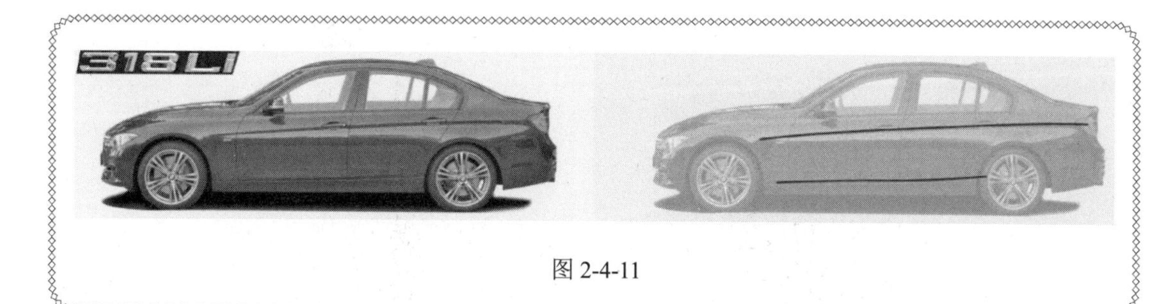

图 2-4-11

图 2-4-12

图 2-4-13

图 2-4-14

（2）光影线对布置线的影响

设计时考虑光影线的车都不是凡品。2009 款 RAV4，是设计圆滑的车身形状，预判光影线的明暗线会出现在哪里，在地平线光影的地方布置棱线，见图 2-14-15。这是以线随影，是一种随和素雅的设计思想，棱线纤细，低调得让人几乎可以忽略，但是微妙精致，值得品味和咀嚼。

图 2-4-15

马自达概念车 kai，布置简单的线来驾驭动感的光影线，这是以线驭影。设计效果图就明确表达驾驭光影线的想法，见图 2-4-16。

图 2-4-16

实车也达到了设计的初始想法。实线是布置的腰线和裙线，虚线是光影线，见图 2-4-17。这是布置线的最高境界了吧。

图 2-4-17

（3）正侧图中的前脸表情

有攻击性的严肃表情越来越多，玛莎拉蒂 Ghibli 的正侧视图，感觉在逼视前方，显得这辆车比较有攻击性，见图 2-4-18。

雷克萨斯 LC 500h 的表情有点像在怒吼，也是一种攻击性的表情，见图 2-4-19。

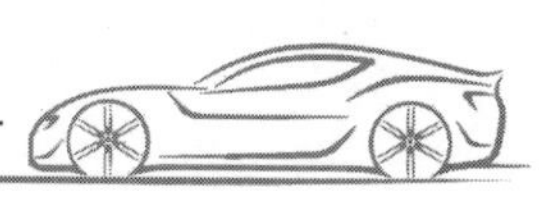

图 2-4-18

图 2-4-19

（4）正侧图中的前脸立体化

奔驰 EQA 的前脸是典型的立体化前脸，有两个突出的位置，如图 2-4-20 中箭头所示，靠上一个箭头位置突出是为了使造型更饱满好看，这个突出比较缓和。靠下一个箭头位置的突出是为了行人保护，这个突出比较急促尖利。在两个突出位置之间有一个凹陷的区域，如中间箭头所示。

图 2-4-20

玛莎拉蒂 Ghibi 的前脸立体化是在标志位置内凹，如图 2-4-21 中箭头所示，这是一种相对非主流的设计。

2. 正前

汽车的正前视图类似一个人的脸。汽车的家族特征主要表现格栅上，格栅就在汽车的前脸上。在造型设计中，布置线是很重要的，想要创新很难，从家族特征出发，是一条不错的解决途径。

（1）布置与抽屉

前脸的布置可以看成两排抽屉。最普通的是两排抽屉，上面一排三个，下面一排三个。

图 2-4-21

丰田逸致就是这样的，见图 2-4-22。多数车型都可以看成这样。左右大灯、格栅、左右雾灯、下格栅这六个元素之间，有隔断，没有相邻，它们之间有一定的呼应关系。

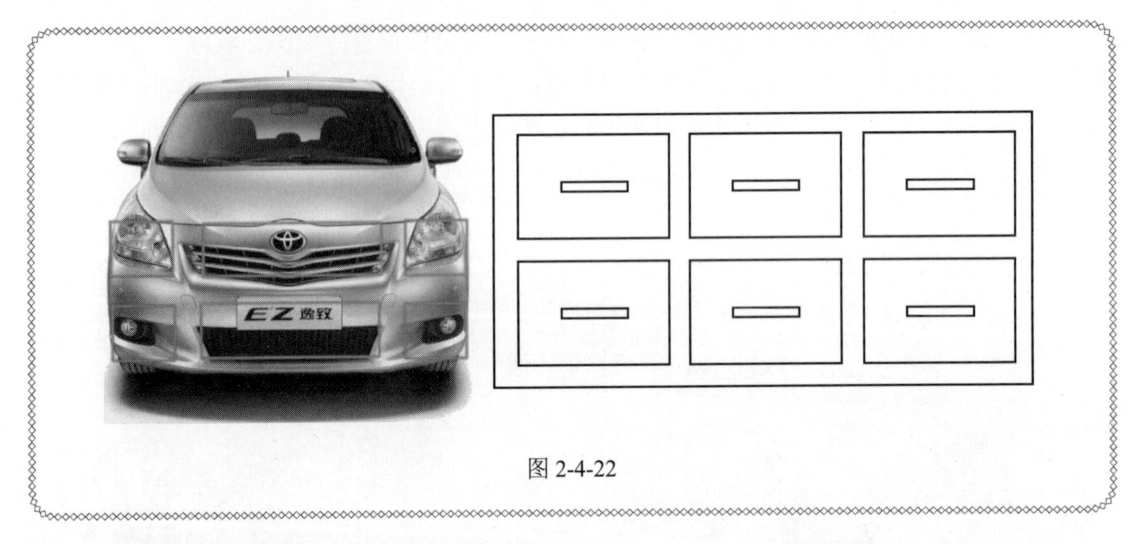

图 2-4-22

大众朗逸把上排的三个抽屉挤到了一起相邻，三个抽屉之间没有隔断，见图 2-4-23。但

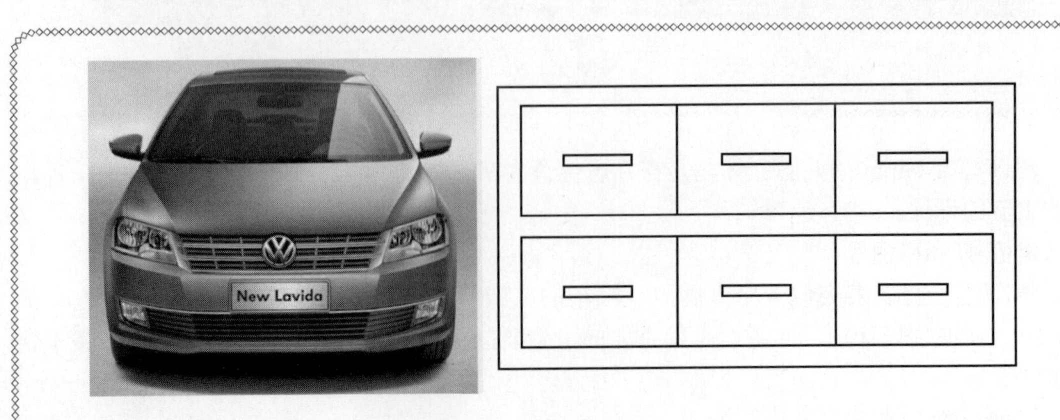

图 2-4-23

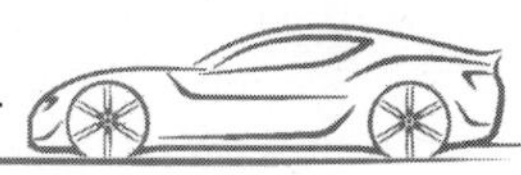

是格栅和灯具之间没有穿插相同的元素，没有做融合设计，不是一体化的，所以还是相互独立的抽屉，下排也如此。

大众 CROSS COUPE 与朗逸有本质的区别，格栅和前照灯融合设计，融为一体，上排的三个抽屉变成了一个抽屉。下排也如此，见图 2-4-24。

图 2-4-24

除了横向变化，还有竖向变化的，奥迪 A4 的上下格栅完全一体化，见图 2-4-25。

图 2-4-25

本田 UR-V 把上排的三个抽屉和下排中间的抽屉融合成一个抽屉了，见图 2-4-26。

（2）前照灯与格栅的融合设计

前照灯和格栅需要融合才有设计感，二者的具体关系是：相邻宜穿插、相离宜呼应。

相邻宜穿插，相邻的格栅和灯具通过布置亮条线的方式融为一体，这样就很有设计感。具体的实现方式多种多样。本田 CR-V 是亮条绕格栅和灯具一圈，见图 2-4-27；丰田雷凌是格栅与大灯用亮条串联起来，形成一根长亮条，有动感有气势，见图 2-4-27；大众 T-PRIME 是用三根亮条把灯具和格栅串联起来，见图 2-4-27；马自达 Huzumi 的格栅和灯具各有一个勺状亮条，勺柄排列在一条线上，见图 2-4-27，格栅的勺状亮条大，灯具的勺状亮条小，有

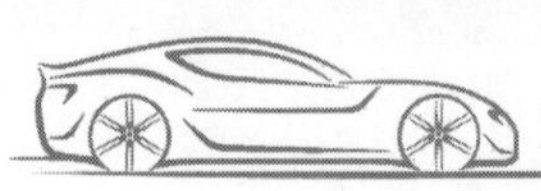

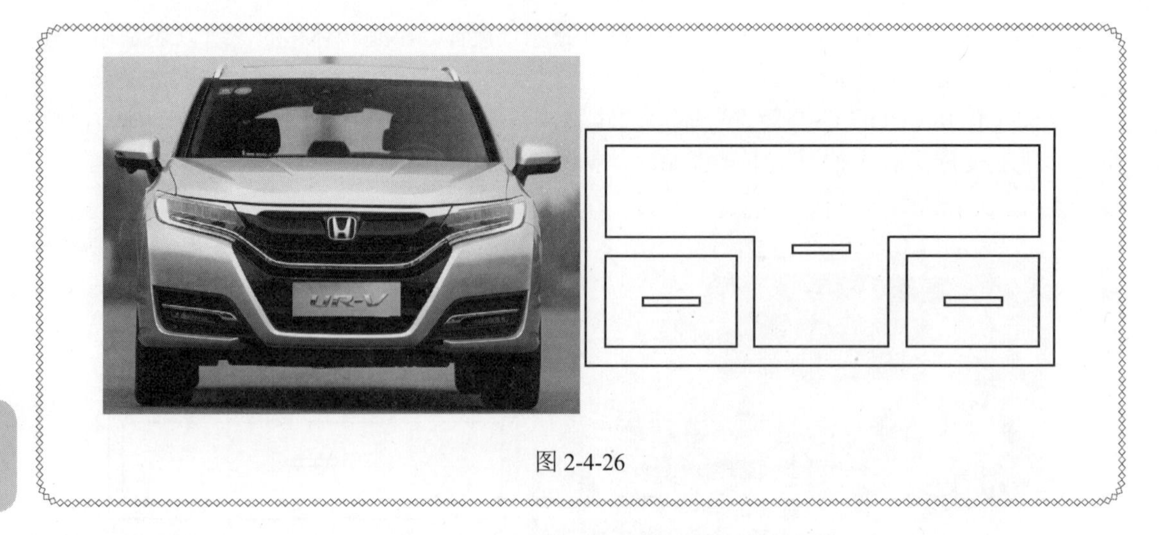

图 2-4-26

大小的对比，勺状亮条本身的曲面跨度就很大，格栅勺状亮条的柄往后方延伸了很多，立体感很强。

图 2-4-27

卡罗拉车灯区域有三根亮条与格栅相连，从上往下，第一根亮条位于灯具表面之外，第二、第三根位于透明灯壳之内，见图 2-4-28。格栅亮条与灯具内部亮条相连，透明灯壳有 3mm 厚，灯内亮条距离灯壳的表面 3mm，在这种情况下，格栅亮条如果要与灯内亮条等高，就必须比灯壳外表面低 6mm。

观致 3，在前照灯和格栅相邻的情况下，关系不清晰，见图 2-4-29。

相离宜呼应。奔驰 E 级车格栅亮条和灯具亮条没有相邻，格栅上的亮条和灯具内的亮条是同调布置的线，虽然没有串联在一起，方向也不同，也不在一个面上，就因为同调，产生了呼应，如图 2-4-30 中标线所示，灯具和格栅实现一定程度的融合。

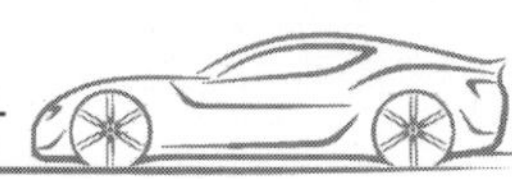

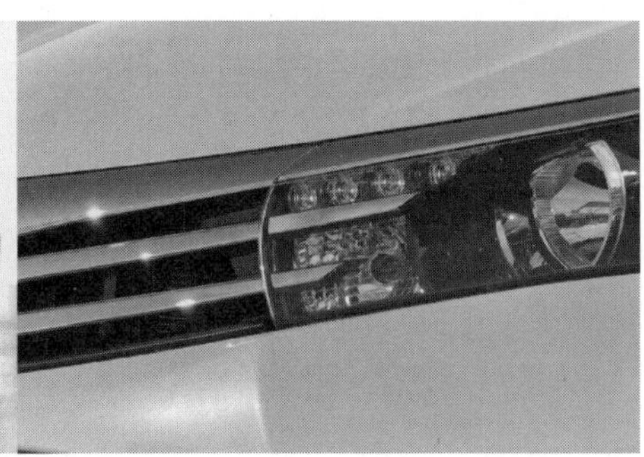

图 2-4-28

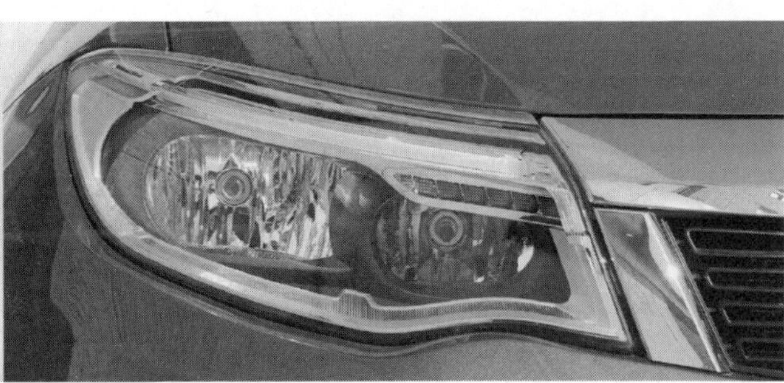

图 2-4-29

图 2-4-30

（3）汽车散热的需要对前脸造型的影响

第一章第二节讲了汽车散热的需要对造型的影响，大多数汽车的发动机是前置的，散热主要是对前脸设计的影响。防撞梁上方的散热区和下方的散热区相比，下方的散热区更加重要。

因为热水是往上走的，散热器的设计都是进水口放在下面，出水口放在上面，散热器下部的水温高于上部，所以下部的散热比上部更重要。

雪佛兰 Malibu 前脸有雪佛兰品牌家族特征，保险杠图示区域后面是防撞梁，标志附近图示区域是需要散热的部分，但是因为造型，这部分散热区被挡住了，见图 2-4-31。

图 2-4-31

宝马 X5 和 X3 对比，X5 的格栅高度尺寸较小，为了保证散热，在格栅和防撞梁之间布置补充散热区，用以补充散热区域，见图 2-4-32。

图 2-4-32

当然，中置和后置发动机的车型对前脸的散热需求就大大减小了。新能源汽车没有发动机，对前脸的散热需求就减小了。电动汽车空调和电池还是需要散热，比如特斯拉的 Model X，图 2-4-33 中箭头所指位置是空调散热区。

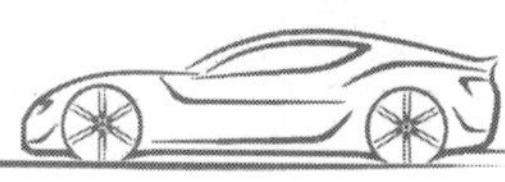

（4）前脸的表情

笑容可掬、娇憨卖萌的车越来越少。斯巴鲁 R1 这样的小车就比较萌，见图 2-4-34。

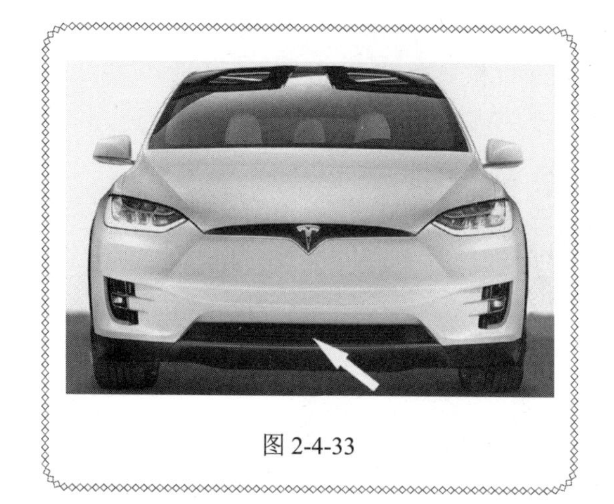

图 2-4-33

图 2-4-34

奇瑞 QQ 车的格栅下沿是一段圆弧，两头上翘，像微笑的嘴角一样，见图 2-4-35，这样的前脸设计是有亲和力的前脸。

宝马 5 的灯眉往上扬，显出得意扬扬、神采飞扬的表情，见图 2-4-36。

图 2-4-35

图 2-4-36

有的车采用严肃的、攻击性的表情。

图 2-4-37 中两辆福特野马车的表情不一样，左边的野马表情严肃且有攻击性，右边的福特车表情比较呆萌。

爱驰 U5 ion 像大嘴的动物，表情有攻击性，见图 2-4-38。

（5）正前需要布置足够多的横向线条才会显得稳重

QQme 和 QQ6 正前几乎没有布置横向的线条，这样呆萌的小车也是可以的，见图 2-4-39。

（6）布置线的局限

造型从布置线的角度看待前脸，有些车型之间差别小。因为还有两个环节来影响造型，锤炼线和断面线，将在下一节依次讲到。

图 2-4-37

图 2-4-38

图 2-4-39

比如宝马 3 系（见图 2-4-40）、东南 V3（见图 2-4-41）这两款车针对的市场人群不同，车型的尺寸差别很大，但是这两辆车的前脸布置线很相似。

图 2-4-40

图 2-4-41

3. 前 45°

从功能上看，为了减少车辆转弯时剐擦的可能，一般把前 45°设计得比较圆滑。在大趋势圆滑的状况下，有的车在转角区域布置竖向棱线。轿车上使用竖向棱线不如 SUV 好看。出现这种棱线的车，一般会在后 45°转角处有竖向的棱线。后 45°转角处竖向的棱线是为了分离侧面的空气，避免其粘滞到尾部，从而减小空气阻力。前 45°出现竖向线，并不是空气动力学的要求，而是从造型上要呼应后 45°转角处的竖向线。

丰田卡罗拉和 RAV4 有这条竖向特征线，见图 2-4-42。

从设计上看，这个角度考虑正前视图和正侧视图的联系，丰田卡罗拉的腰线就一直延伸到格栅上，格栅、灯具和保险杠上还有一些线与此线同调布置，见图 2-4-43。这说明整辆车的设计是整体考虑的。正面和侧面都属于一辆车，不是孤立的。侧围下转折线在前轮的前后也是顺滑过渡的，有的车做不到这一点，感觉就会差一些。

图 2-4-42

图 2-4-43

4. 正后

（1）要布置合适的轮廓线来体现肩膀，车辆才会显得结实有力

标致 2018 款的 3008（图 2-4-44 左）有明显的肩膀，2014 款（图 2-4-44 右）在轮包位置才凸出来，显然，2018 款的 3008 感觉要结实有力一些。

图 2-4-44

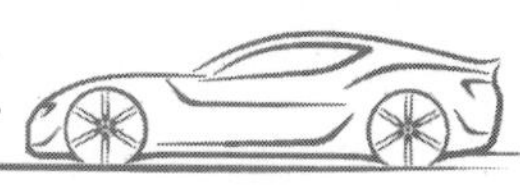

两代宝马 X5 在后视的肩膀位置差别很大，第一代 X5（图 2-4-45 左）轮廓线看，肩膀不凸出，到轮包位置才凸出较多，第四代 X5（图 2-4-45 右）肩膀凸出，这样显得更加强壮有力。

图 2-4-45

野马 F12 也是典型的无肩膀车，见图 2-4-46。

（2）行李舱盖下沿

一般行李舱盖开口比较低，便于取放行李。RAV4 行李舱盖的面积过大，显得太空了，故意多布了造型线，也只是补救措施，见图 2-4-47。

现代 ix35 行李舱盖上揪起来一条棱线，与两侧保险杠上的棱线串联，从视觉上抬高保险杠，把行李舱盖的一部分从视觉上也划归保险杠了，见图 2-4-48。这样视觉上保险杠显得浑厚有力，同时，行李舱盖的设计也不会太空旷。一般来说，行李舱盖是钣金件，后保险杠是 PP 塑料。行李舱盖的钣金成本高，修复困难。为了保护行李舱盖，行李舱盖的钣金件要往前退。这辆车行李舱盖棱线以下的区域还是逐渐往车前方退了一些，与保险杠有明显阶差，并没有共面。

图 2-4-46

（3）要布置足够多的横向线条，车辆才会显得稳重

QQme 正后几乎没有布置横向的线条，这样呆萌的小车不稳重也可以。QQ6 正后布置的横线还比较多，见图 2-4-49。

图 2-4-47

图 2-4-48

图 2-4-49

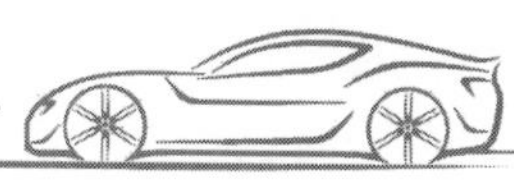

5. 后 45°

（1）车尾转折和肩部设计

丰田 RAV4 有两条线穿越轮胎区域，在后轮的前后也是顺畅过渡的，车尾肩部突出明显（圆圈处），很硬朗。

RAV4 连接腰线和裙线的特征线呈现竖向布置，保险杠上的线也有竖向布置。车尾转折位置出现竖向棱线，见图 2-4-50。箭头位置是竖向。这是空气动力学的要求。竖向特征线用于分离侧面的空气，避免侧面的空气粘滞到车尾，从而减小风阻。竖向特征线从视觉上会强调车高，这样的特征适合用在 SUV 上。

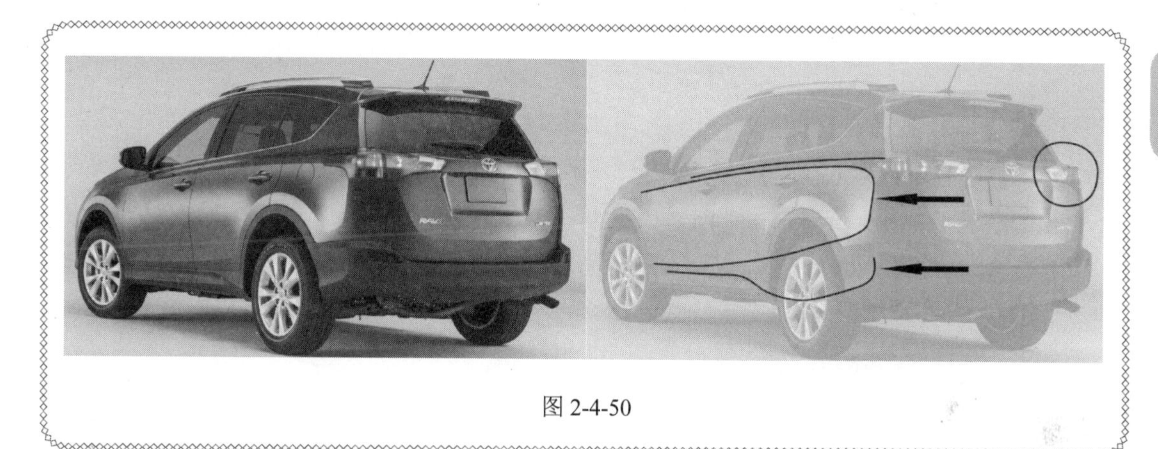

图 2-4-50

凯迪拉克 XT5 侧面的腰线在后尾灯处冲高，然后回落，折到行李舱盖上了，见图 2-4-51。肩部很突出，后尾灯冲出车身面，体现了立体感。车灯竖向（Z 向）的棱线成为整车的分离特征，阻止车身侧面的空气流粘滞到车尾，从而减小空气阻力。

图 2-4-51

保时捷 Macan，作为古典主义设计，需要布置长线，腰线很圆滑，仍然是造型线，见图 2-4-52。肩部不像 RAV4 和凯迪拉克 XT5 那样尖锐，但也很突出。虽然空气动力学需要竖向特征，Macan 为了保证造型的古典感觉，没有布置竖向特征线。

（2）腰线和后尾灯

在后 45°，腰线往往串联到后尾灯上，实现侧面和正后的联系。

索纳塔八的腰线穿到后尾灯上方，与后尾灯边界形成同调的关系，见图 2-4-53。

图 2-4-52

图 2-4-53

逍客的腰线穿插到后尾灯上部，成为后尾灯往外凸起的棱线，见图 2-4-54。

图 2-4-54

（3）保险杠的转折

车尾转折位置出现竖向特征线，是空气动力学的要求。竖向特征用于阻止侧面的空气粘滞到车尾，从而减小风阻。竖向特征线越明显，阻力会越小。竖向特征从视觉上会强调车高，这样的特征适合 SUV。如果在轿车上出现，不如 SUV 那样好看。

本田 CRV 后 45°后保险杠上就有棱线，见图 2-4-55。

不同版本的丰田凯美瑞后 45°的后保险杠上面布置了不同形状的竖向特征线，见图 2-4-56，左边的车竖向特征更加明显，空气阻力更小。

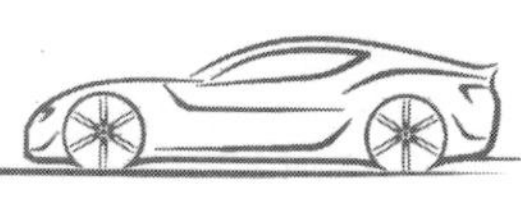

图 2-4-55

图 2-4-56

6. 俯视

俯视不是经常看到的角度，在设计中也需要考虑。俯视的四角要内收，避免车辆转弯时发生剐擦。从空气动力学看，如果需要获得小的阻力，从 B 柱位置开始，水切线以上的车身就要逐渐收窄。

俯视角度要考虑同调，奥迪 Aicon 的俯视图 2-4-57，车头就是一系列同调的线来构成的。

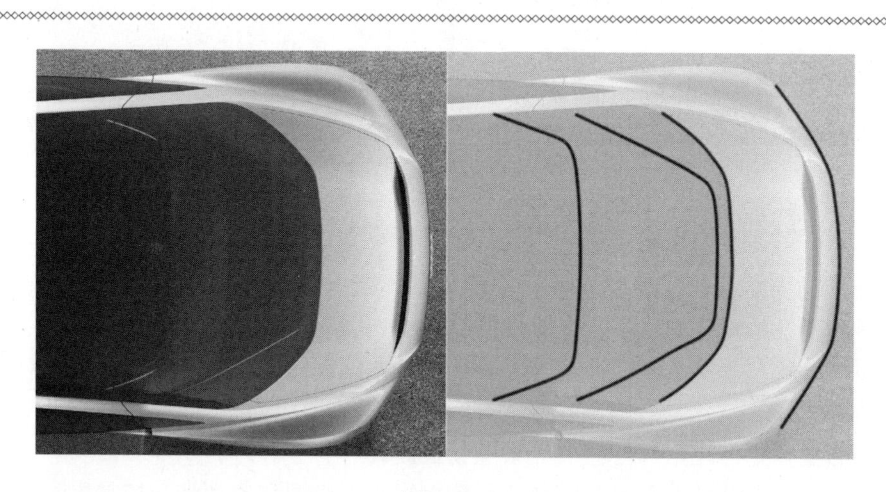

图 2-4-57

特斯拉 Model S 的俯视图 2-4-58 中，车头车尾各布置了一组同调曲线。从 B 柱位置开始，水切线以上的车身逐渐收窄，从而可以减小空气阻力。

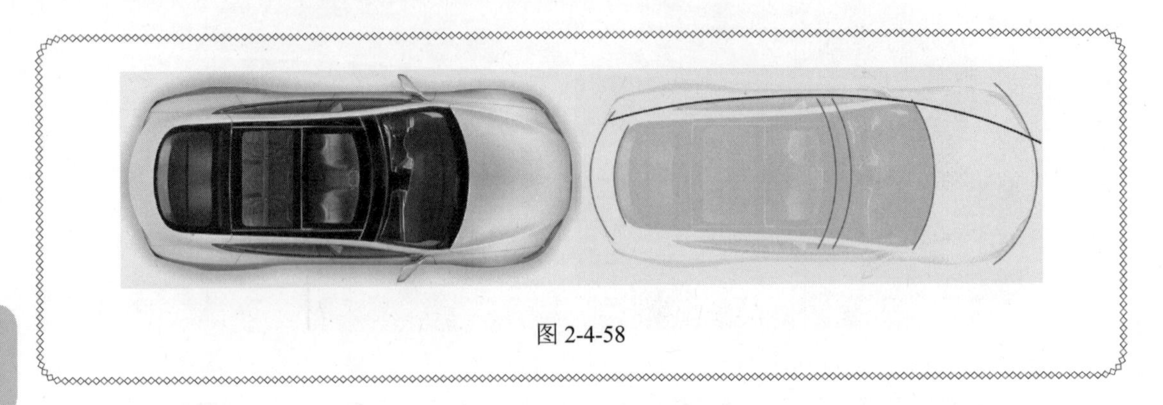

图 2-4-58

二、布置亮条线

1. 格栅亮条

传统格栅的亮条布置是绕格栅一圈，中间布置几根横条或竖条。

奔驰 C 就是横条格栅，别克昂科威就是竖条格栅，又称直瀑格栅，见图 2-4-59，它们都有亮条绕格栅一圈。

图 2-4-59

后来前脸的布局变化了，灯具和格栅相邻了，或上下格栅打通了。老款的朗逸和新款的朗行格栅和亮条是相邻的，两款车对格栅亮条的布置不同，见图 2-4-60。朗逸还是传统的绕格栅一圈，然后布置横条，朗行没有绕圈布置，就仅仅布置横条，格栅横条与灯具中的亮条对应，融为一体。

亮条的布置要整体化，与灯具的亮条顺畅过渡。

本田 CR-V 和雷诺科雷嘉的格栅和灯具是相邻的，格栅亮条都是与灯具内部的亮条串联在一起，绕格栅和灯具一周，见图 2-4-61。

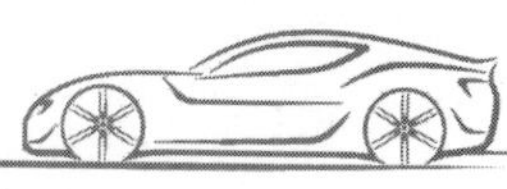

图 2-4-60

图 2-4-61

马自达 CX-3 和海马 SG00 都是在格栅边缘布置开放的亮条，这个格栅边缘的亮条串联到灯具上，这样布置格栅和灯具，在纵向有较大的落差，有立体感，有创新的感觉，见图 2-4-62。

图 2-4-62

2. 行李舱盖装饰条

行李舱盖装饰条一般是牌照灯装饰条。装饰条里面安装牌照灯，用来照亮牌照。车尾亮条和后尾灯一体化设计。

雪佛兰乐风后尾灯上的白色区域与装饰条串联，后尾灯内的白色区域由倒车灯和转向灯组成，见图 2-4-63。这是一种成本不高而有设计感的方案。

图 2-4-63

福特福睿斯行李舱盖上的装饰条与后尾灯里的白色区域串联，见图 2-4-64，而且后尾灯白色区域还有粗细的变化，比乐风进了一步。后尾灯白色区域也是倒车灯和转向灯。

图 2-4-64

别克君威后尾灯，行李舱盖装饰条穿进后尾灯中，后尾灯中的倒车灯就镶嵌在装饰条中，见图 2-4-65，倒车灯是白色，装饰条是银白色，二者融合得很好。

3. 其他区域

装饰条是汽车外观最高光的地方，也是画龙点睛之处，即需要重点关注的。一般喜欢在水切线和裙脚出现亮条。稍好的车会在侧窗布置一圈亮条，节省一点可以仅仅在水切线上

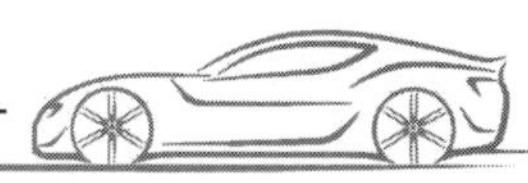

布置亮条。可以在水切线和裙脚同时出现亮条，但仅仅在裙角出现亮条的情况很少。在装饰亮条布置上的创新也很重要，可在不常用的地方布置亮条，来说明设计的独特性。

图 2-4-65

（1）翼子板区域

DS5 和索纳塔在翼子板这个非主流区域设置有装饰条，见图 2-4-66，索纳塔的车门玻璃有一圈装饰条，翼子板装饰条像是从车门水切线延伸出来的，而且一直延伸到前照灯，显得优雅而自然。

DS5 的翼子板装饰条短促粗壮，粗细变化剧烈，显得随性一点。

图 2-4-66

（2）D 柱区域

Jeep COMPASS 和起亚 K5 在 D 柱区域都有装饰条，见图 2-4-67，都是从侧窗玻璃顶部延伸到后风窗玻璃的侧面，不同的是，Jeep COMPASS 的后风窗玻璃的下沿也布置有装饰条，这样左右侧窗玻璃装饰条都被连接起来了，而且 Jeep COMPASS 的装饰条有粗细的变化，横向的装饰条细，竖向的装饰条粗，有点像书法里面的横轻立重。

图 2-4-67

奔腾 X80 的 D 柱区域，有点像在起亚 K5 的基础上增加一条亮条，这根亮条与扰流板共线，这两根亮条呈 X 形，很有创意，见图 2-4-68，如果侧玻璃的高度尺寸小一点，这个 X 形会更加顺畅、漂亮。X80 是个中大型的 SUV，这样的设计运动感强，略显不够稳重。

图 2-4-68

如果是一个紧凑型的两厢车，类似长安逸动 XT 这种，见图 2-4-69，这样的 X 形布置创意就非常好。

图 2-4-69

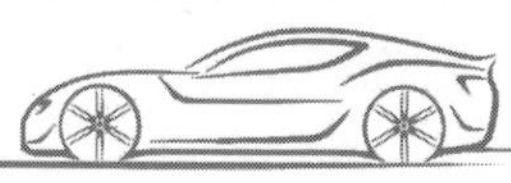

（3）裙角区域

本田奥德赛水切线亮条横穿翼子板和 D 柱，而且在裙角上也布置亮条线，而且裙角的亮条一直延伸到前后保险杠。亮条之间的距离大，这样显得豪华，见图 2-4-70。

图 2-4-70

4. 亮条不要相邻并排布置

丰田锐志格栅上部有两根亮条并排布置，这两根亮条表面处理一样，都是镀亮铬，而且粗细也相近，见图 2-4-71，略有堆砌感。如果去掉机舱盖上面那根短的亮条，效果会好点。

图 2-4-71

三、布置分色线

颜色的边界比棱线特征更加显眼，所以需要更加慎重地对待分色线。整车的分色一般是通过分件来实现。常见的是 B 柱贴黑膜，获得较整体的分色线。

1. 悬浮车顶目的分色

把车顶悬浮起来，可以制造一定的科技感。

（1）全悬浮

迷你车设计成全悬浮的车顶，沿着玻璃一圈不透明的地方是黑色高光材质，从质感上接近玻璃，车顶可能是白色、黑色和车身原色，图 2-4-72 的迷你车就是白色车顶。

图 2-4-72

丰田普瑞维亚也是全悬浮车顶，车顶与车身同色，见图 2-4-73。

图 2-4-73

（2）后悬浮

广汽传祺 GS8 是后悬浮车顶，见图 2-4-74，在 D 柱位置黑色区域收窄了一点，设计上富于变化，避免过于单调。

雷克萨斯 RX300 是后悬浮车顶，边界不规则，也是一种创新，见图 2-4-75。

（3）前悬浮

本田 Urban EV 和斯柯达晶锐是前悬浮，在 A 柱外面安装高光材质的塑料件，见图 2-4-76。

2. SUV 分色线

SUV 分色一般指沿着车身下边缘分一圈黑色，这样可以在视觉上增加车辆的离地高度，在功能上避免地面蹦起的石子擦花车身。

图 2-4-74

图 2-4-75

图 2-4-76

如果布置线的时候，过多的线布置靠下方，就有下坠感，需要用黑色亚光件来弱化。瑞虎 7 后保险杠有两种状态，见图 2-4-77。左边是 2016 款，右边是 2018 款，2016 款把后保险杠的主体定义成黑色亚光皮纹件，弱化后保险杠的布置线，感觉好一些。当然侧面车门和前保险杠的相应位置也定义成黑色亚光皮纹件。SUV 布置了黑色分色线之后，车身离地高度也感觉明显变大了。

图 2-4-77

3. 个性化分色

这种分色一般出现在个性化小车和新能源汽车上。

smart 的分色，从侧面看像个 C 字，见图 2-4-78。

图 2-4-78

宝马 i8 概念车，在特殊位置分色，而且引进第三种颜色——蓝色，用来代表新能源，见图 2-4-79。

图 2-4-79

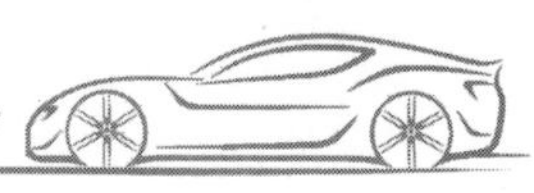

四、组合线

一组线按某种规律布置，相互之间有某种联系、呼应或融合，就是组合线。同样的组合线可以出现在汽车上各个部位。

1. 台阶线

一条直线感觉变化不大，在直线上拐了两个弯，像个台阶，就形成了台阶线。台阶线兼顾了顺畅和动感。

本田艾力绅正前正后，都布置了台阶线，见图 2-4-80。最显眼的亮条用台阶线，而且还有同调布置其他多条台阶线，与亮条形成呼应，从设计上成为一个整体，见图 2-4-81。

图 2-4-80

图 2-4-81

本田采用用台阶线的车型很多，有竞瑞、哥瑞、思域、思铂睿等，见图 2-4-82。

广汽传祺 GS5 格栅横条就采用台阶线，灯具内部的亮条与格栅横条也融合形成了台阶线，见图 2-4-83。

图 2-4-82

图 2-4-83

2. 缠绕线

两条相似的折线沿中心对称布置，就像缠绕在一起，就是缠绕线。

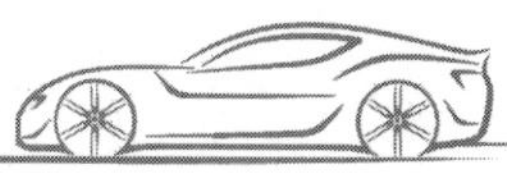

宝马未来 100 年概念车，裙线使用缠绕线，见图 2-4-84。

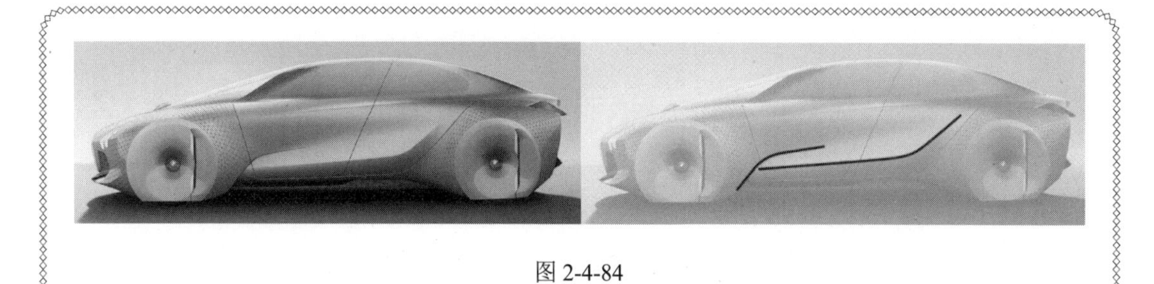

图 2-4-84

本田奥德赛裙线使用缠绕线，见图 2-4-85。

图 2-4-85

现代 ix35 后保险杠，黑色区域的边界使用缠绕线，雾灯就放在缠绕线的中间区域，显得富有情趣，见图 2-4-86。

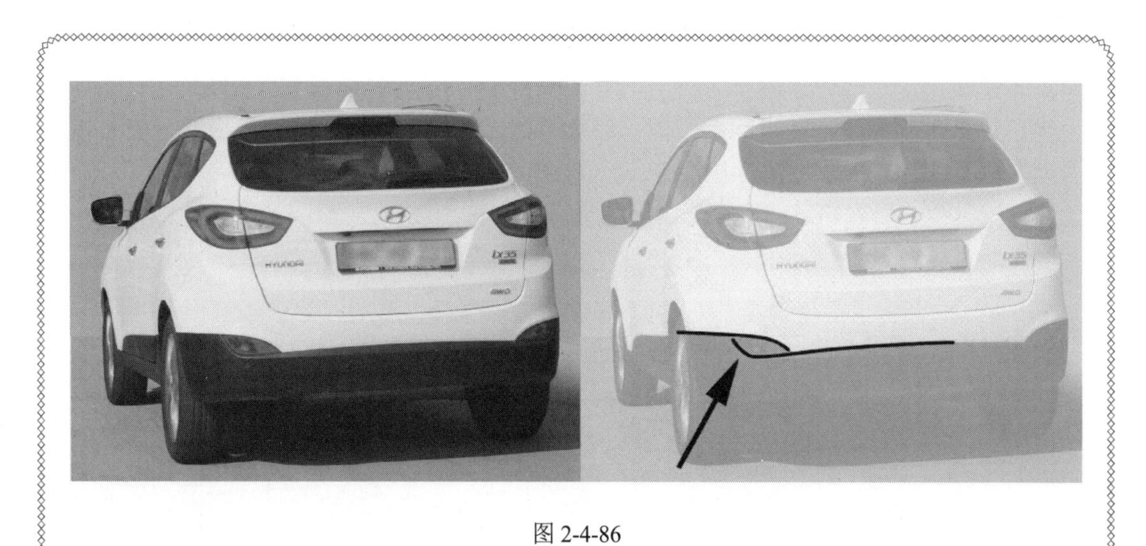

图 2-4-86

奥迪 Q5 昼间灯采用缠绕线，见图 2-4-87。

图 2-4-87

长安 CX70 后尾灯中的制动灯沿缠绕线布置 LED 光源，见图 2-4-88。

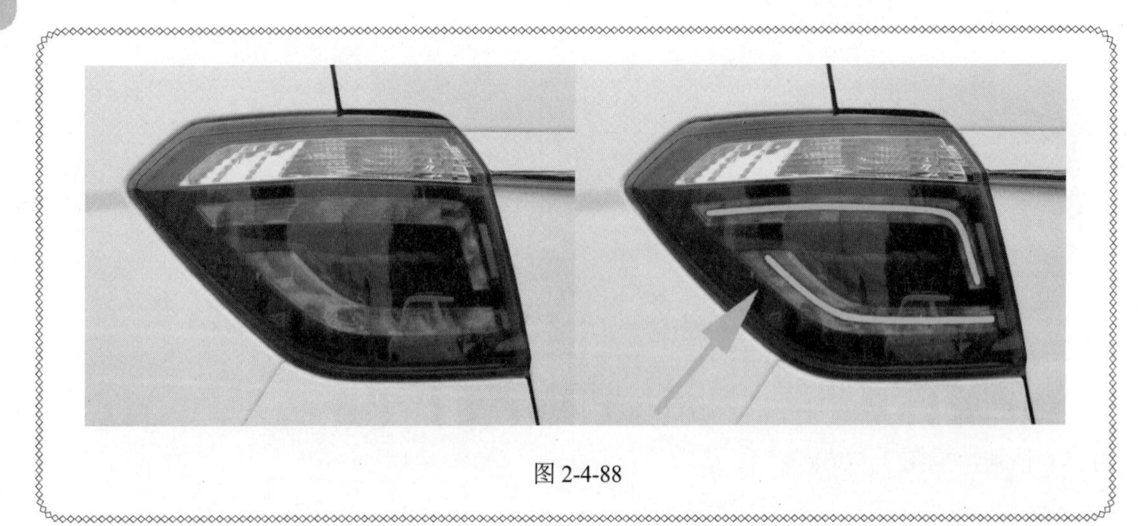

图 2-4-88

3. 追逐线

追逐线是动感的线，两根线，一前一后，一弯一直，相互追逐，这两根线一般不在一个面上，相对直的线靠内。这种组合线一般布置在车辆的侧面。

本田艾力绅，沿着轮包的线往下压，后面的腰线追了上来，见图 2-4-89。

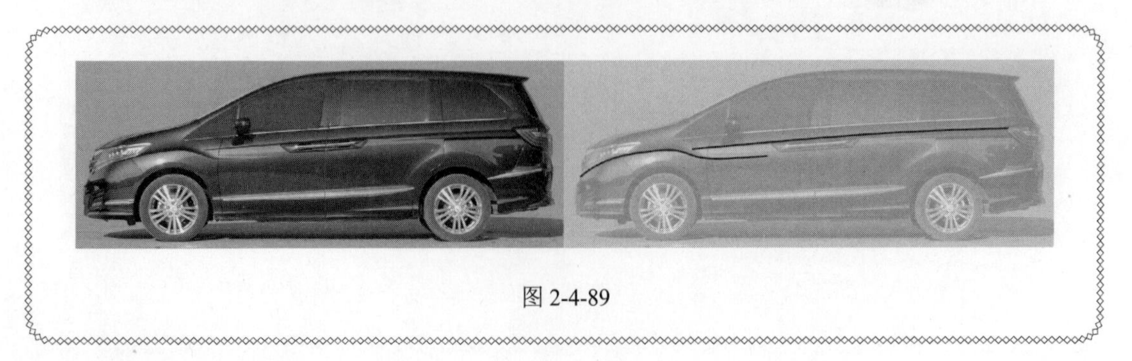

图 2-4-89

吉利帝豪 GL 的腰线，与艾力绅如出一辙，见图 2-4-90。

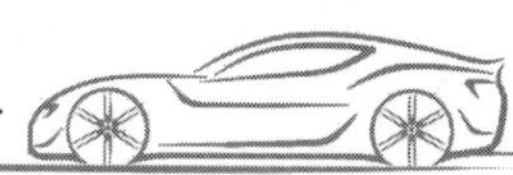

图 2-4-90

雪佛兰 FNR-X，腰线也是相似的追逐线，见图 2-4-91。

图 2-4-91

宝马概念车 EfficientDynamics，裙线出现追逐线形式，见图 2-4-92。

图 2-4-92

丰田 RAV4 在裙线之下的黑色区域出现追逐线，见图 2-4-93。

图 2-4-93

有变形的追逐线，比如拜腾概念电动车，见图 2-4-94。

图 2-4-94

雪佛兰迈锐宝 XL 也是这样布置腰线的，见图 2-4-95。

图 2-4-95

4. 放射线

放射线是一组线采用类似放射状的方式布置。与平行方式布置相比，放射状布置更加动感，不容易坠入平庸和呆板。

奥迪 Q5 前脸有放射形布置的线条，见图 2-4-96。

宝马 318i 也是放射形布置的线条，见图 2-4-97。

皇冠 ATHLETE 也是放射形布置的线条，见图 2-4-98。

图 2-4-96

图 2-4-97

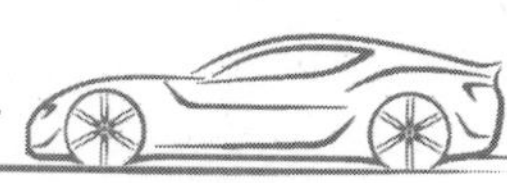

图 2-4-98

日产楼兰的前脸有两个方向的射线布置，见图 2-4-99。射线的焦点在对称线上。

图 2-4-99

现代 Genesis Coupe 侧面的射线布置，见图 2-4-100。

图 2-4-100

5. 三叉线

三叉线一般出现在比较细节的地方，大局的布线不多。
日产 Vmotion 的裙线和前轮包线构成清晰的三叉线，见图 2-4-101。
兰博基尼 Urus 的裙线和后轮包线构成清晰的三叉线，见图 2-4-102。

图 2-4-101

图 2-4-102

细节上用三叉线更多。兰博基尼 Urus 前后灯光布置就是三叉线，见图 2-4-103。

图 2-4-103

DS6，格栅上的三叉线亮条穿入前照灯，与前照灯融为一体，见图 2-4-104。

图 2-4-104

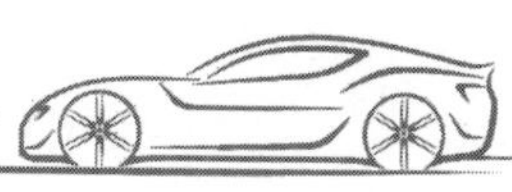

宝骏 530 的格栅和灯具用三叉线亮条融合在一起，非常漂亮，见图 2-4-105。如果亮条尾部（圆圈处）没有翘曲，会更加洒脱。

图 2-4-105

五、布置线的设计要点

1. 宜主次、忌平均

在曲线的布置中，线有主次之分，形成大形、大趋势的线是主线。代表细节、次要形状的线是次线。次线不能太长，否则会喧宾夺主，破坏整体效果。

从侧面看汽车，横向的线是主线，斜线和竖直线是次线，应考虑强化横向的线，弱化竖向的线。比如汽车车窗上贴的黑膜，是为减少次线，强化主线。车窗在贴黑膜前后的感觉大不相同。

比如丰田卡罗拉，一种是豪华配置，B 柱和窗框有黑膜，另一种是标准配置，没有黑膜，见图 2-4-106。

图 2-4-106

宝马 Z4，有两条线布置得非主流，见图 2-4-107。第一条是，沿袭 A 柱的延长线方向设计了棱线。在翼子板上做 A 柱的延长线，穿过标志。第二条是裙线，这条线前面串联到机舱盖分缝线，后面串联到 B 柱。汽车纵向的水切线和腰线是主线，A 柱延长线和裙线是次要的线，次要的线一再被强调，感觉线多而主次略模糊。

从后面看汽车，横向的线是主线。瑞麒 M1 斜向的虚线很长，而且打断横向的实线，降低了横向实线的影响，见图 2-4-108。

从汽车前面看，横线是主线。夏利 N7 设计中过于强调次要的斜线，前照灯边界使用较长的斜线，见图 2-4-109 中的虚线。

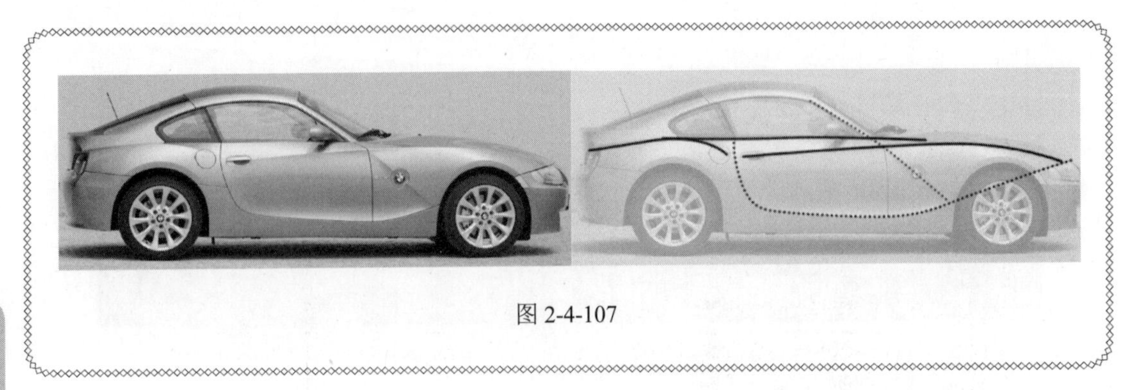

图 2-4-107

图 2-4-108

图 2-4-109

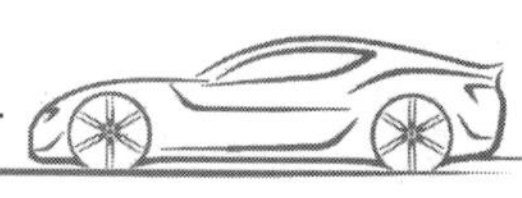

从汽车后面看，横线是主线。夏利 N7 后背门上的后尾灯与后雾灯使用较长的斜线，见图 2-4-110 中虚线，一片和谐声中有一丝杂音。

图 2-4-110

短线要受长线影响，比如门把手设计。

宝马 3 系的门把手骑在车身腰线中间，门把手中间最长的棱线与腰线重合，见图 2-4-111。

图 2-4-111

赛拉图的门把手在车身腰线偏上区域，门把手最长的棱线在下部，与腰线重合，见图 2-4-112。

图 2-4-112

2. 宜同调、忌冲突

奔驰 A 级侧面的布置线，每根线都不相同，也不相互平行，但是这些线是一组同调的曲线，见图 2-4-113。

图 2-4-113

标致 207，翼子板主体造型面和前轮眉面之间没有内凹的过渡面，导致这两个面的相交线是轮眉线（虚线），轮眉线的布置失控了，与车轮的开口线（实线）没有做到同调，见图 2-4-114。

图 2-4-114

3. 宜变化、忌呆板

平行是同调的特例，平行一般显得稳重。布置线要疏密有致。大多数车需要设计出动感，在保持同调的同时，就要避免平行，特别是要避免长距离的平行布置线。

宝马 1 系腰线和水切线的距离前大后小，二者不是平行线，富于变化，见图 2-4-115。

车辆的侧面一般要体现动感，要避免平行布置线。特别是在腰线比较倾斜的情况下，不要平行布置腰线和水切线。瑞麒 M5 的腰线和水切线长距离保持平行，会显得稳重，而倾斜布置的腰线又显得动感，设计意图有一点矛盾，见图 2-4-116。

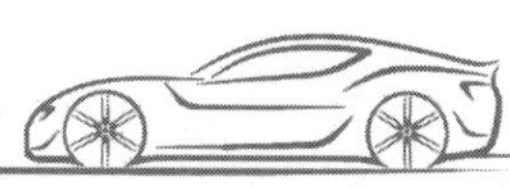

图 2-4-115

图 2-4-116

需要设计得稳重的车，腰线比较水平，同时平行布置其他线。威马 EX5 的腰线比较水平，侧面有很多的平行线，见图 2-4-117。

图 2-4-117

4. 宜平衡、忌失衡

虽然侧面比前面更重要，设计者往往在前面设计得繁琐，堆砌各种细节，却把侧面设计得简单，这样就有点失衡。

拜腾汽车的前脸有众多的线条，而侧面就简单得多，见图 2-4-118。

特斯拉 Model 3 的正前和正侧都很简洁，这样的设计就是平衡的，见图 2-4-119。

正后布置中，往往陷入上空下挤的困境，原因是牌照坑放到了后保险杠上。

奔腾 X40 行李舱盖上有片区域是空白的，而保险杠上布置了很多东西，假排气管还有装饰圈，下坠的感觉很明显。瑞虎 7 也是类似的，在后保险杠区域内的灯具和假排气管的镀铬圈，见图 2-4-120。这相当于领带夹不是夹在领带上，而是夹在裤脚边上了。

图 2-4-118

图 2-4-119

图 2-4-120

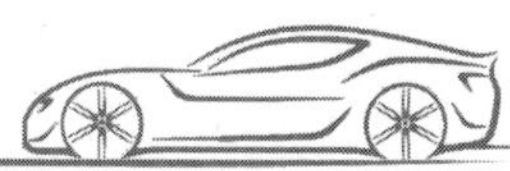

5. 宜简洁、忌繁琐

一般情况下，用较少的线来实现设计总比用较多的线好。

瑞麒 X1，这个后保险杠的黑色包围分成三段，略显繁琐，见图 2-4-121。

图 2-4-121

长安奔奔是很漂亮的小车，后保险杠上的棱线做成 Z 字闪电状，感觉有点小情趣，也有点小繁琐，见图 2-4-122。

图 2-4-122

雷克萨斯汽车的错开线特别多，比如雷克萨斯 ES300h，如图 2-4-123 所示，设计者故意错开，把一条线变成两条线，这个就是设计感？

6. 宜卡位、忌失位

重要线的位置要适宜，如果布置偏下，就会产生下坠感。

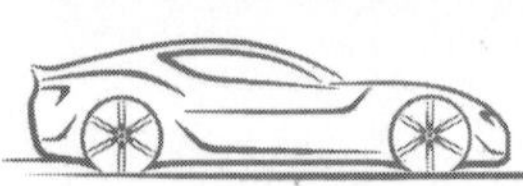

图 2-4-123

宝骏 560 布置的腰线比较靠下，有下坠感，如果上移到虚线位置，或许就感觉好一些，见图 2-4-124。

图 2-4-124

瑞麒 G2 侧面的裙线感觉位置偏高，设计意图不明确，如果适当下移会好一点，见图 2-4-125。

图 2-4-125

第五节 锤 炼 线

一、曲线方向

1. 曲率大的一端向前，才显得动感

直线的曲率为 0，如果线弯曲得越厉害，曲率就越大。从侧面看，交通工具是有方向的，是有前有后的，在贯穿前后的主曲线上，一般来说，前端的曲率较大。

西雅特 Altea 的腰线起于前照灯，绕过前轮包，往后下方走到后轮包，腰线是前弯后直，见图 2-5-1。

图 2-5-1

宝马 X3 的腰线很直，就在前面有一点弯曲，副腰线也是前弯后直的，见图 2-5-2。

图 2-5-2

侧面的线是有方向的，线尾代表线的惯性方向，一般应该像用绳子甩水一样，线尾最好是直的。如果线尾很弯，无论往上往下，都会显得无力。

宝骏 310 腰线尾部就急剧下垂，显得疲软，这种线属于掉梢线，见图 2-5-3。

东方锐达这款微型电动汽车也是明显的掉梢线，见图 2-5-4，这种线就像竹子梢头下垂的样子，显得慵懒稳重，用在豪华车上可以，用在这种微型车上不妥。大多数车是把这个线反过来用，就是线前段弯曲后段直。

2. C 形曲线的方向，缺口一般朝后，才显得更动感

海马 S5，有比较完美的 C 形，见图 2-5-5。

图 2-5-3

图 2-5-4

图 2-5-5

三菱 Grand lancer，C 形线跨越到翼子板上面，在转折的地方设计了装饰件，见图 2-5-6。

图 2-5-6

三菱概念车 i MiEV Sport Air，见图 2-5-7，从侧面看，该车前后比较对称，如果从车身的棱线来看，车头方向是实心箭头方向，实际上这车的车头方向是空心箭头方向。

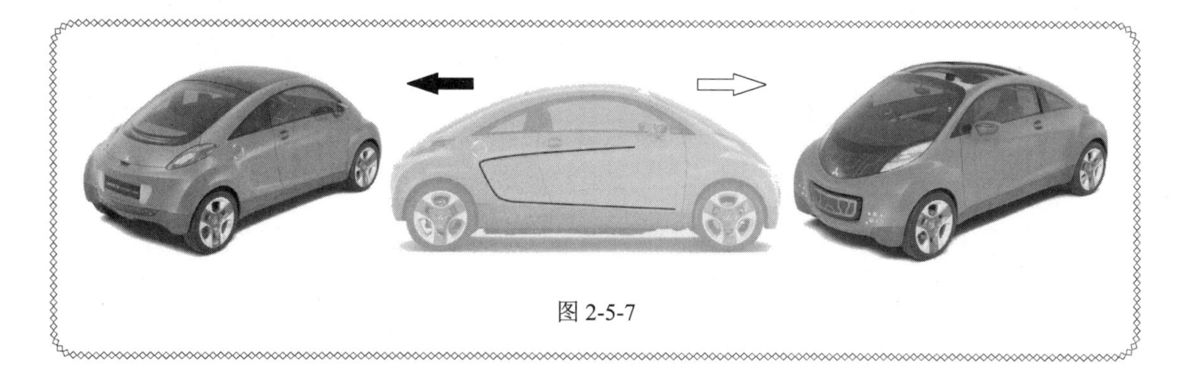

图 2-5-7

布加迪威龙和奔驰 SLR722 侧面有相似的 C 形线，奔驰 SLR722 的 C 形线缺口朝后，布加迪威龙却相反，见图 2-5-8。

图 2-5-8

正前、正后的 C 形多用于灯具，C 形的缺口一般向内。这样布置，车身从视觉上显宽。

新特汽车的 C 形前照灯很明显，见图 2-5-9，斯巴鲁 VIZIV 的 C 形前照灯内其他元素也

图 2-5-9

明显，而且这个C形跨越了格栅边界引申出来的棱线，Polestar 1的后尾灯有两个C形，这两个C形组成一个大C形，长安CS95的前雾灯和装饰件组成一个C形。

二、曲线的长短

长的曲线运动优雅，短促的曲线力量感强。长的曲线形成大形，短的曲线形成小形。奔驰A的腰线和裙线都很长，显得优雅，见图2-5-10。

图2-5-10

宝马X6就是双腰线，前后两根腰线显得短促有力，见图2-5-11。

图2-5-11

三、曲线的弹性

直线没有弹性，曲率太大也缺乏弹性，略有弯曲的线才有弹性。比亚迪秦横贯式后尾灯下边缘，见图2-5-12，在侧围的转向灯位置往上拱，其他位置下垂。在侧围上的灯具边缘线曲率太大了一点，显得缺乏弹性，在行李舱盖上的灯具下边缘是几段直线，也缺乏弹性。

图2-5-12

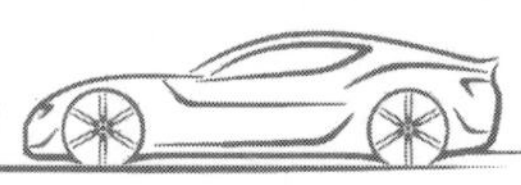

林肯 MKC 的横贯式后尾灯下边缘从正后看很平直硬朗，见图 2-5-13，从后 45°看是有弧度的，这条线只有一点下垂，这样的曲线显得有弹性。

图 2-5-13

四、曲线的叠加

细节的曲线，为了求变，往往由几段曲线叠加而成。

比亚迪 F3，灯具的边界曲线，有一段圆弧叠加凸出来，见图 2-5-14。

图 2-5-14

五、锤炼线的要点

1. 宜融合，忌冲突

根据同调原则，整车用线的曲率差异不能太大。

微度电动汽车的格栅有点像讴歌RDX，线条硬朗，尖角锐利，但是前照灯圆润，有点像三菱戈蓝（GALANT）的水滴灯，见图2-5-15。

图2-5-15

2. 宜顺畅，忌生硬

车身分色边界的顺畅非常重要。奇瑞EQ1的分色线在箭头所示位置略生硬，而smart就相对顺畅，见图2-5-16。

图2-5-16

电咖EV100在A柱下沿的分色边界有尖角，不顺畅，如果像图2-5-17右边那样机舱盖也变黑，就顺畅一些。

分缝线在造型中也不可小视，特别是涉及颜色分界的行李舱盖。瑞麒G3从后面看行李舱盖的分缝线有尖角，不够顺畅，而三菱蓝瑟的行李舱盖的分缝线就相当顺畅，见图2-5-18。

双龙雷斯特的后风窗玻璃下沿分色线出现尖点，见图2-5-19。

瑞麒G6，标志和亮条之间感觉别扭，如果标志放低一点，标志上最长的点与亮条对应上，会更加和谐，见图2-5-20。

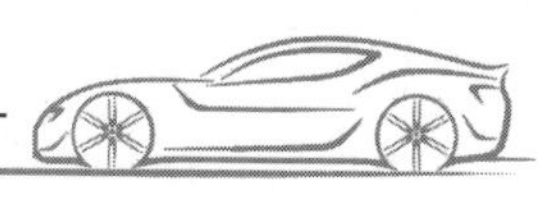

图 2-5-17

图 2-5-18

图 2-5-19

图 2-5-20

日产楼兰和英菲尼迪 QX30 的腰线位置相似，都是从前照灯到后尾灯，见图 2-5-21。但是 QX30 整个腰线的曲率相近，软硬相近，显得优雅而自然，而楼兰的腰线像一段直线和一段圆弧硬生生地拼凑在一起，并不是很自然。如果楼兰这两段线不是拼接在一起，而是断开，感觉可能会好一些。

图 2-5-21

别克英朗（EXCELLE）和威朗（VERANO）这两辆车，有相似的腰线，见图 2-5-22，英朗的腰线在圆圈处，感觉略有不顺畅。但是像威朗那样在圆圈处断开，分成两段线来看，感觉就更加顺畅了。

图 2-5-22

线可以断开，但是要保持顺畅。

马自达概念车 Shinar，见图 2-5-23，上面一根线穿过格栅边界、灯具中心，跨越轮包，穿过侧转向灯装饰件，把三个部件联系在一起。下面一根线穿过前保险杠，跨越前轮，描边裙线，穿过后轮，描边后保险杠接缝，直达行李舱盖的鸭尾。可谓惊心动魄。

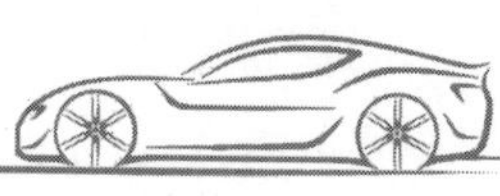

图 2-5-23

捷豹 F-Pace 的腰线往前穿到前照灯下面的保险杠，还穿到雾灯区域，见图 2-5-24。

图 2-5-24

正道 H500（左车）和 H600（右车）相比，灯眉的边界，H500 有多处转折，H600 明显要顺畅得多，见图 2-5-25。

车轮前后的线面保持连续顺畅，很重要，但是有的车做不到这点。有的车在车轮前后的线面没有保持连续。例如，本田哥瑞的裙线在后轮位置断开后，后保险杠上的棱线与裙线是错开的，见图 2-5-26。

线忌转弯太多，一般会在转折 3 次后，失去力量。

图 2-5-25

图 2-5-26

风光 580 两个版本对比，见图 2-5-27，左边车是老款，右边车保险杠不同。左车保险杠棱线有一个往下的弯角，见圆圈和箭头处，而右车相应位置就要设计得简洁一些，好看一些。

图 2-5-27

北汽幻速 S3 有两种后风窗玻璃版本，见图 2-5-28。右边的箭头位置更加顺畅。

图 2-5-28

奇瑞 E5 后保险杠有两种，见图 2-5-29，左车的后保险杠受到上方的行李舱分界线的影响，后保险杠最长的横线被干扰，产生了台阶线，这是次要的线干扰了主要的线。而右车保险杠的主要横线没有被干扰，就比较好。

图 2-5-29

观致 5 格栅和灯具的下边缘，有多达 5 处转折，见箭头处，而福特锐界仅有 3 处，见图 2-5-30，可见福特锐界更加简洁有力。

图 2-5-30

3. 宜变化，忌呆板

北汽的BJ80，见图 2-5-31，这车和奔驰 G 有点类似，讲究的是粗犷的外观和越野性能，在外观上只讲究硬朗，该车的顶盖线、水切线、腰线、裙线都是直线，没有曲率的变化。如果非性能车也是这样的造型，就感觉有点呆板了。

图 2-5-31

4. 宜鲜明，忌暧昧

宝来的前照灯边界下沿在前 45° 位置有一点微小的变化，见图 2-5-32，这样的微小变化不要也罢。

图 2-5-32

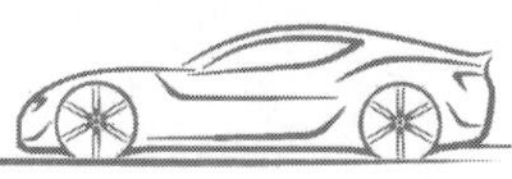

5. 线中宜挺拔，忌下坠

日产贵士的水切线主要的走向是往上凸的，但是在驾驶人所在位置小段区域塌陷，见图 2-5-33，有慵懒的感觉。

图 2-5-33

伊兰特悦动腰线在前门外拉手区域塌陷，显得乏力，见图 2-5-34。

图 2-5-34

海马 S5 作为 SUV，但正后视图布置的多条主要的横线太弯太软，有明显的下坠感，见图 2-5-35。

图 2-5-35

第六节　断　面　线

线由面的交会形成，断面线是研究曲面的方法，也用来研究一些重要曲线的断面。

一、断面线体现车的气质倾向

断面线表现出动感还是稳重，从而体现出整车的气质倾向。断面线是不同的汽车之间最大的差异。汽车最重要的线之一是腰线，就是门把手附近的这条线。对于表达整车气质，腰线的断面线很重要。

腰线的断面线是，垂直于腰线的虚拟平面与腰线周围曲面的相交线，可以从前后门缝直观看出腰线的断面线，所以一般会把门缝线看成典型断面线。如果门缝线与腰线不是直角，角度偏离越大，门缝线与断面线偏离就越大。

第 4 代宝马腰线的前后门缝位置断面线，这种断面线起伏很小，腰线前后的断面线没有什么变化，显得稳重，有保守和古典的味道，见图 2-6-1，这样的断面线在现有的车型上已经很难找到了。

图 2-6-1

第 5 代宝马腰线的前后门缝位置断面线，见图 2-6-2。

图 2-6-2

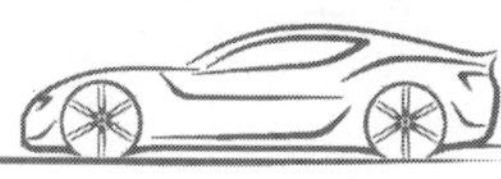

第 6 代宝马腰线的前后门缝位置断面线，见图 2-6-3。

图 2-6-3

第 7 代宝马的腰线的前后门缝位置断面线，见图 2-6-4。

图 2-6-4

第 4、5、6、7 代宝马腰线的前后门缝位置断面线，见图 2-6-5。

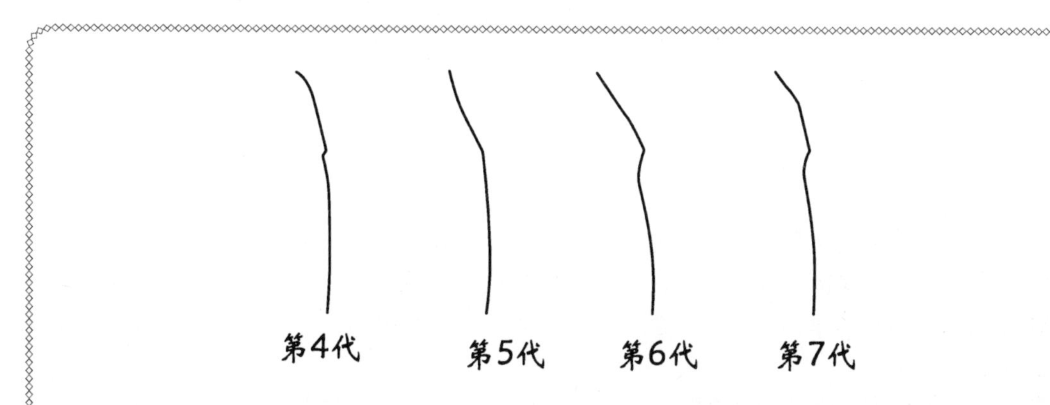

图 2-6-5

第4代宝马的腰线显得保守，从第5代宝马开始，宝马开始大变革，第5代宝马的腰线注入了火焰面的设计理念，有点像城市张拉膜景观，富有张力和弹性。第6代宝马腰线的断面显得优雅而豪华，第7代宝马腰线的断面显得硬朗。

宝马概念车GINA，就是钢丝支撑紧绷的帆布，很像城市张拉膜景观，见图2-6-6。

图2-6-6

这种张力的理念还是影响了一些车，比如雪佛兰科鲁兹，见图2-6-7。

图2-6-7

圆滑的断面线代表经典和稳重，很多豪华车倾向圆滑的断面线。

保时捷Macan就是圆滚滚的造型，腰线的断面线就是大圆弧，见图2-6-8。

Mini虽然不是豪华车，但属于古典主义设计，也讲究经典和传承，采用圆滑的断面线，见图2-6-9。

锋利的断面线是个性化的诉求。兰博基尼URUS全身是尖锐的断面线，见图2-6-10，这样的车很罕见。大多数车是方圆结合的中庸之道。

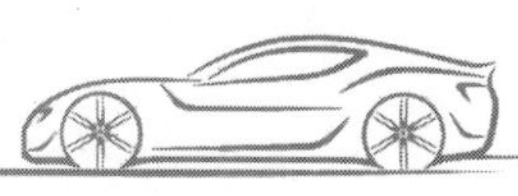

图 2-6-8

图 2-6-9

图 2-6-10

二、断面线的变化

1. 单腰线的断面线富于变化，才会显得动感

如果腰线是明显的，就需要断面线富于变化，显得动感，如果断面线变化不大，显得稳重。

从奔驰 GLK 的腰线看，断面线是有变化的，见图 2-6-11。腰线在 A 柱附近比较明显，然后逐渐变细，在 C 柱到 D 柱之间还会受到轮包面的影响，变得更加不明显。奔驰 GLK 腰线的断面从前到后，断面的形状还是相似的。

图 2-6-11

本田雅阁腰线的断面线前后就完全不同了，在 C 柱以后腰线的断面线形式与 C 柱以前的完全不同，见图 2-6-12。这样变化丰富就显得很动感。

图 2-6-12

威马 EX6 腰线的断面线起伏很大，这种断面线有点像第六代宝马 5 系，但是缺乏变化，显得很稳重，见图 2-6-13。第六代宝马 5 系腰线的断面线前后是有明显变化的。

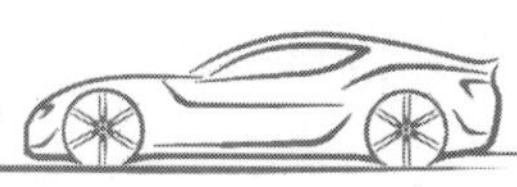

图 2-6-13

五菱宏光的腰线从前照灯延伸到后尾灯，整个长度之内没有什么变化，显得稳重而不动感，见图 2-6-14。

图 2-6-14

如果腰线本身就不明显，很微妙，那这个腰线的变化就可以很小。

古典主义设计的车比较稳重，腰线变化不大，比如英国血统的荣威 750，见图 2-6-15。这辆车腰线的断面线很柔和圆润，在腰线位置还装饰有镀铬条。

图 2-6-15

2. 双腰线的断面线富于变化，才会显得动感

在双腰线的情况下，前后腰线的断面线要富于变化，才能使造型更有动感，反之会显得稳重。

奔驰 GLA 是双腰线，前腰线比较尖利，后腰线比较柔和。大圆角和小圆角并存，小圆角线尖利明显，大圆角线柔和。

如果一辆车同时设计了尖利和柔和的断面线，一定是强调小圆角线，而弱化大圆角线。奔驰 GLA 是明显强调前腰线，两线有强烈对比，见图 2-6-16。前后腰线自身也有变化，前腰线从前照灯出发，消失在后门把手位置。后腰线从后尾灯出发，消失在前门把手位置。

图 2-6-16

奇瑞 5X 就是双腰线，但是从断面线角度来看，前后腰线基本上是机械式的重复，就不如奔驰 GLA 这样富于变化，见图 2-6-17。

宝骏 310W 的双腰线在后门分缝处表现出来的断面线几乎一样，腰线的断面线简洁有力，很好看，可是一旦出现简单的重复，整体效果自然会打折扣，见图 2-6-18。

图 2-6-17

图 2-6-18

宝马 X3 的双腰线布置与宝骏 310W 相近，但宝马 X3 双腰线之间的断面线就有很大的差异，见图 2-6-19。

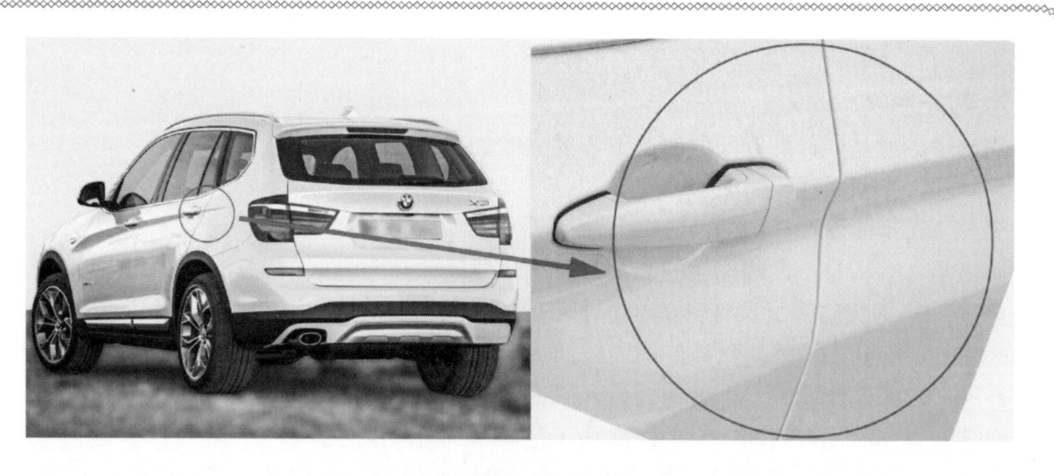

图 2-6-19

3. 凸棱硬，凹棱软也是富于变化

奇瑞瑞虎 3X 后轮包凹棱线与凸棱线的断面线相似，都是尖角折线，没有变化，见图 2-6-20。

图 2-6-20

福特翼虎后轮包凹棱线与凸棱线的断面线完全不同，凹棱线的断面线是圆角过渡，而凸棱线是尖角折线，见图 2-6-21，这样的设计就富于变化。

图 2-6-21

4. 弧高理论

这种理论就是如何看待断面线的。步骤大致如下：

第一步，把断面线画出来。

第二步，把断面线按照凹凸方向分成若干小段。

第三步，分析每小段断面线的弧高，每个小段的弧高不得低于 4%。

以宝马第六代门缝线断面线为例，把门缝线凹凸方向按分成六段，让每段是单纯的凸线或凹线，逐一分析每段的弧高，这段线的弧高除以弧长，就是弧高，见图 2-6-22。

断面线的弧高比较大，面就比较软，弧高比较小，面就比较硬。

凯迪拉克车型比较硬朗，有的面弧高不足 4%，见图 2-6-23。

设计是多姿多彩的，也是有规律可循的。但是如果把设计用数字予以限制，设计世界的多样性就会消失。

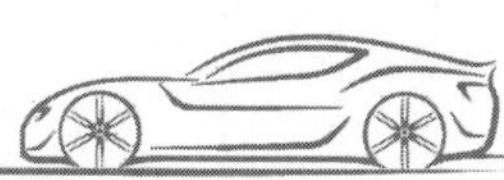

图 2-6-22

图 2-6-23

三、断面线和锤炼线的关系

别克君威，腰线和裙线组成一个 C 形，裙线的断面线有反凹特征，腰线没有没有反凹特征，C 形线上的转折点是两种断面线分界的位置，这个转折位置的走向显得很尖锐，见图 2-6-24。

图 2-6-24

四、断面线和布置线的关系

1. 腰线布置的倾斜程度和断面线的设计密切相关

动感强烈的车，会布置比较倾斜的腰线，断面线一般是变化的。

长安奔奔 EV 的腰线比较倾斜，前后的断面线剧烈变化，从前往后，断面线的起伏越来越明显，腰线就越来越清晰，见图 2-6-25。

图 2-6-25

相对稳重的车，会布置比较水平的腰线。有的断面线按前中后三段来设计，前段后段的断面线相似。

奥迪 Q3 的腰线比较水平，在腰线的前段和后段，断面线起伏大，而在腰线的中段，断面线起伏小，见图 2-6-26。

图 2-6-26

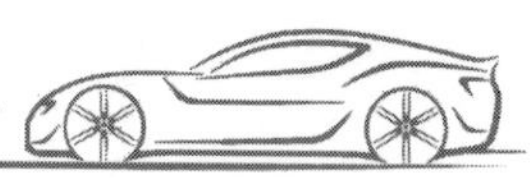

2. 断面线剧变的线在布置上距离不能太近

一山不容二虎，清晰的线不要近距离相邻，应根据重要性程度进行取舍，要淡化处理其中不重要的那条线。淡化处理的办法就是调整该线的断面线，让该线不再明显。

比如威马 EX6，见图 2-6-27，实线和虚线位置的棱线都很明显，实线特征重要性高于虚线，感觉上可以弱化虚线。

图 2-6-27

奇瑞风云 2 车尾有一些距离较近、同调布置的线。这种情况一般应该弱化其中一条线，凸棱比凹棱重要，可以弱化凹棱，把凹棱做成大圆角，即实线不变，虚线弱化，见图 2-6-28。

图 2-6-28

五、断面线的发展趋势

方圆结合是平衡之道，断面线的主流趋势是以圆滑为主、锐利为辅，在圆滑的断面线中追求一点点锋利的个性。比如，特斯拉 Model 3，见图 2-6-29。

图 2-6-29

帕拉米拉（Panamera），也是如此，见图 2-6-30。

图 2-6-30

六、外观三线设计重要性估值

外观设计的三线理论中，布置线、锤炼线、断面线，三者重要性比例分别是 60%、20%、20%。

车辆的角度重要性而言，侧、正前、正后、前 45°、后 45°、俯视，重要性比例分别是 50%、18%、10%、7%、5%、10%。

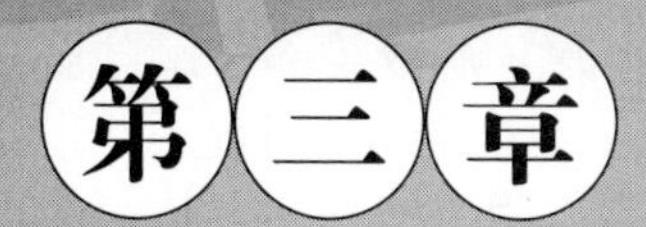

第三章 外观细节设计

第一节 白 车 身

汽车的零件有两大类，车身钣金件和配套件。因为白车身的运输成本很高，整车厂一般要制造白车身，白车身的主要生产工艺有三步——冲压、焊接、涂装。对于冲压工艺，整车厂一般要冲压外板大零件，四门两盖包边，至少要冲压侧围等大零件。对于焊装工艺，工厂至少要总拼焊接白车身。

一、功能需求

车身最重要的作用是保证乘员的安全，提供一个能遮风挡雨的空间。有的车身需要承受主要的载荷，有的车身不需要承受主要的载荷，承受载荷的车身是承载式车身，不需要承受载荷的是非承载式车身。

非承载式车身的汽车有一刚性车架来承载，又称底盘大梁架。在非承载式车身中，发动机、传动系统、车身等总成部件都固定在车架上，车架通过前后悬架装置与车轮连接。奔驰 G 级车就是非承载式车身的越野车，见图 3-1-1。

图 3-1-1

奔驰 G 级的前后四个减振器安装在车架上，非承载式车身也是安装在车架上，主要由车架承受载荷，见图 3-1-2。

非承载式车身的汽车比较重，高度高，一般用在货车、客车和越野车上，也有部分高级乘用车使用，因为它具有较好的平稳性和安全性。采用非承载车身的车型有：兰德酷路泽、普拉多、FJ 酷路泽、4Runner、红杉、Hilux 中型皮卡、Tacoma 全尺寸皮卡、Jeep 牧马人、长城 H3、H5、H7、H9。采用非承载式车身的车辆，主要载荷都由车架承担。这种车有更好的刚性，能够行驶在更颠簸的路面。

承载式车身的汽车没有刚性车架，只是加强了车头、侧围、车尾、底板等部位，发动机或电动机、前后悬架、传动系统的一部分等总成部件装配在车身上，车身负载通过悬架装置传给车轮。承载式车身具有质量小、高度低、装配容易等优点，绝大部分乘用车采用这种车身结构。

本田思域采用的就是典型的承载式车身，见图 3-1-3。

图 3-1-2

图 3-1-3

特斯拉采用的也是承载式车身。比如特斯拉 Model S 就是承载式车身，没有车架，底盘件都安装在车身上。车身直接承受载荷。与燃油车最大的差异是，电池包作为一个巨大的零部件安装在地板下面，见图 3-1-4。

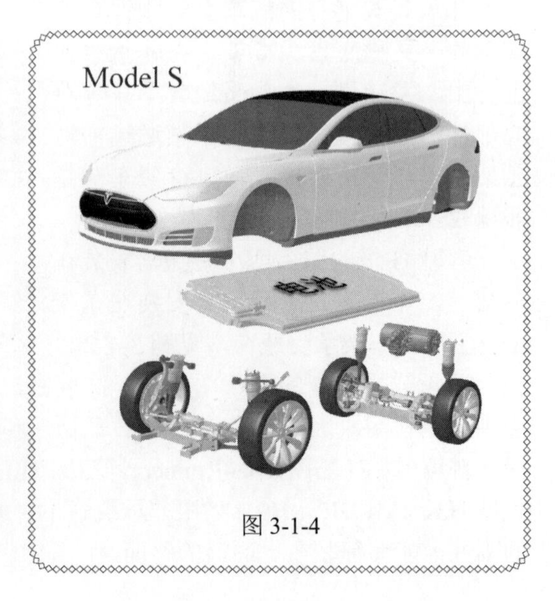

图 3-1-4

二、结构和工艺

1. 车身结构

车身最重要的结构是乘员舱，乘员舱的框架一定是高强度的，要保证在各种危险状况下，不变形或少变形，比如正面碰撞、偏置碰撞、侧面碰撞、翻滚等。而乘员舱前后的车身

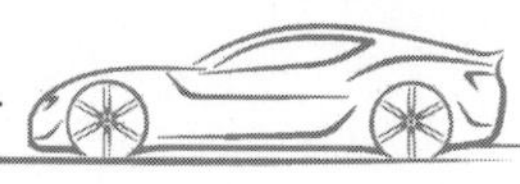

结构需要设计成吸能结构，受到碰撞后，会发生变形以吸收能量，降低对乘员舱的冲击。

2. 车身工艺

一般的车身材料是钢板，经过冲压、焊接、涂装制成。有的车追求轻量化，会采用很多铝合金材料。比如奥迪 A6 车就用了很多铝合金。A6 是承载式车身，红色区域叫宝塔座，是安装前减振器的位置，由于需要承受较大的负荷，就采用了铸铝。绿色区域是铝制板材，是用在承受载荷最小的地方。铝和钢材之间，可以铆接或粘接，见图 3-1-5。

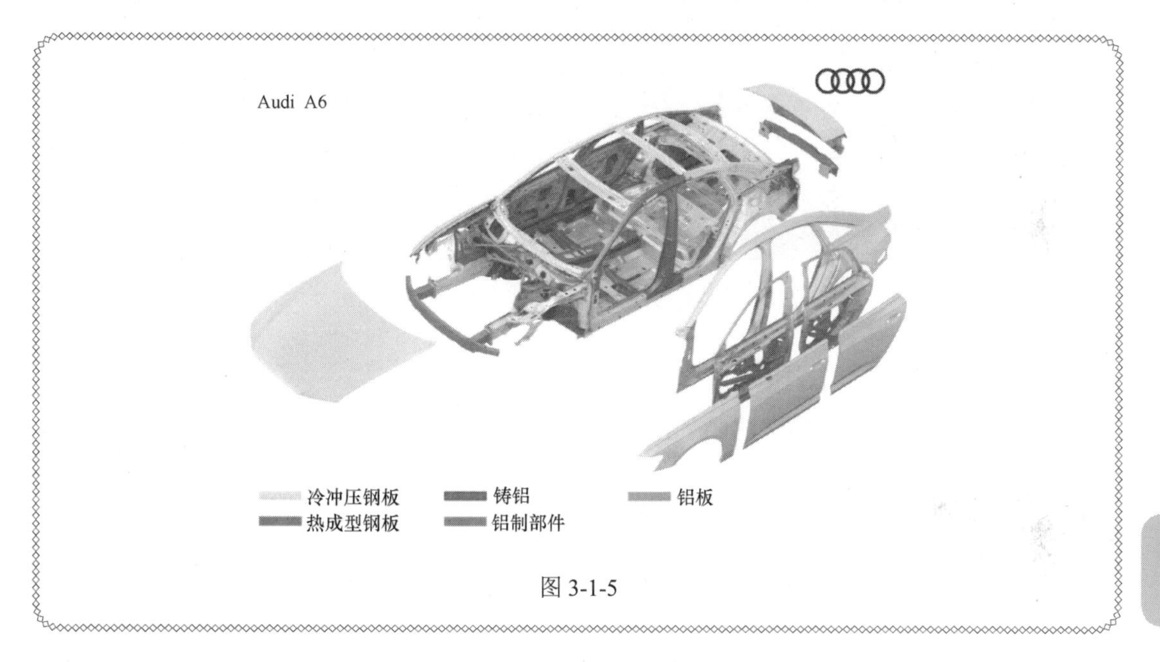

图 3-1-5

钢板冲压有很多限制，比如钣金件不能过于平坦，因为钣金件如果没有足够的拉延变形，强度会很低。钣金件的曲面起伏也不能过于剧烈，因为拉延太大后，容易出现拉延缺陷，例如起皱或破裂。冲压最难控制的是回弹。翼子板的前角如果太尖，难以控制回弹等制造缺陷。

马自达阿特兹的翼子板有尖角，如图 3-1-6 中箭头所示，但是从正面看翼子板和机舱盖的分缝线，在箭头处有明显的转折，这个转折作用是为了钝化翼子板尖角。如果没有这个转折，分缝线会沿着图示线条顺下来，翼子板的尖角会更锐利，制造会更加困难。

图 3-1-6

宝骏 510 的翼子板机舱盖分缝线在箭头处剧烈转折，避免翼子板尖角，如果没有转折，分缝线会沿着图 3-1-7 所示的线往前延伸，在翼子板位置出现锐利的尖角。

图 3-1-7

有的车会部分使用工程塑料，塑料和金属的加工工艺不同，塑料零件是压力铸造出来的，可以制造出复杂的形状。塑料翼子板在标致雪铁龙集团的车上比较常见。塑料车身件采用最多的是 smart。因为塑料件强度不高，主要用于外板。图 3-1-8 中深色标识的是钣金件，在外观上就只有深色的侧围是钣金件，其余浅色部分都是工程塑料。

图 3-1-8

制造工程塑料零件采用的是铸造工艺，如果制造光滑表面的零件，液体的流动会产生不可控的花纹，所以也是需要涂装上漆的。如果铸造带有皮纹砂纹的非光滑零件，花纹会被弱化。塑料件的铸造因为在零件的冷却过程中，有的部分先冷却，有的部分后冷却，所以也会产生零件的扭曲，翼子板的下沿是个尖角，控制翼子板的下尖角扭曲变形，也是工艺难点。这是工程塑料车身没有得以普遍应用的原因之一。

3. 车门

直开式车门最常见，以车门前端铰链为圆心转动打开车门，符合人们实际生活习惯，且拥有较大的出入空间，乘客出入车辆较方便、自由。

对开车门，后门以车门后端为轴旋转打开。车内空间看起来更开阔，对于后排乘客上

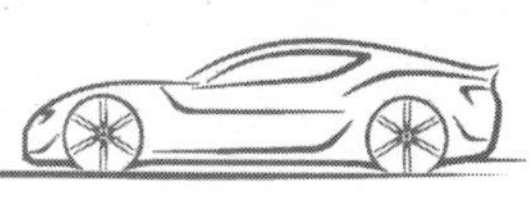

下车，对开门可以提供较大的便利性。对开门比同向开的显得更气派。对开车门一般没有 B 柱，少数的车有。大众 ID-Vizzion 就没有 B 柱，而奇点 is6 就有 B 柱，见图 3-1-9，有点像劳斯莱斯。从工程角度考虑，车身侧围门框的纵向尺寸越大，就越需要 B 柱来应对侧面碰撞的安全。

图 3-1-9

对开车门如果后车门锁坏，车门会在行进中大开，高速时产生巨大阻力和旋风，可能会把后排乘客抛出去。

鸥翼车门，特斯拉 Model X 采用的就是鸥翼车门，见图 3-1-10。

这种门的外观炫酷，但缺点不少。

1）铰链的可靠性差，极易损坏，因为向上开启车门的铰链难以承受过大的车门重量，车门只有尽量减重。

2）这种车门结构安全性差，有安全隐患，一旦翻车，则车门难以开启。

3）鸥翼门破坏了乘员舱的笼式框架，对车顶强度损害较大，尤其不利于翻滚碰撞，所以使用范围很小。

剪刀门，剪刀门沿车门最前端为圆心，垂直向上旋转展开，还节省了车辆左右的空间，避免了车门向外打开而可能遭到的磕碰。使乘客可以在狭窄的停车空间内开启车门。兰博基尼车就普遍采用剪刀门，见图 3-1-11。

图 3-1-10

图 3-1-11

剪刀门强度较差，因为车门没有外展的动作，可以提供乘客出入的空间狭小有限，容易碰头。

滑移车门，是靠滚轮在导轨上滚动来开关车门的。一般用于MPV和微型面包车。优点是，车门很宽，开关车门不占空间，即使在很窄的地方，都可以开门，出入空间很大。缺点是，因为轨道的原因，所以要求车身平整，因而设计局限性大。

五菱荣光就是采用滑移车门，有上中下三段导轨，有三个滚轮，图3-1-12中圆圈处标识的是滚轮位置。这种车外表面需要设计得很平整，是为了让滚轮的支架长度尽量短，否则支架和导轨容易受力变形。上下导轨安装在侧围上，开门才能看到，箭头位置是上下导轨。关门后可以看到中段导轨，暴露在外的中段导轨不怎么美观。

图3-1-12

采用滑移门的车，如何处理好中段导轨是设计的重点。

丰田埃尔法的中滑门导轨在后玻璃下沿，箭头位置，仅仅露出导轨槽，玻璃是黑色，导轨槽也是黑色，不显眼，也不觉得突兀，见图3-1-13。

钣金件之间连接一般是点焊，外观要求不暴露焊点。而四门两盖（机舱盖、行李舱盖）都是外板包内板，没有用点焊，所以四门两盖的边缘不要设计得有频繁剧烈变化的特征。比如双龙雷斯特的行李舱盖就有这种频繁剧烈变化的特征，见图3-1-14。这种特征会给行李舱盖的包边带来一定的工艺困难。

图3-1-13

图3-1-14

后背门可能过重，一般的弹簧撑杆或液动撑杆省力有限，如果采用电动，成本较高。所以有的车会设计双后背门。比如雷克萨斯LX570，见图3-1-15。

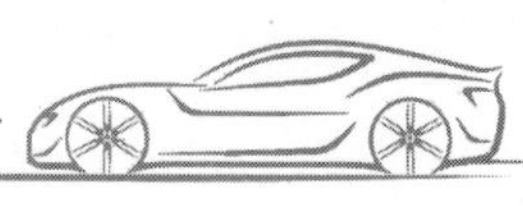

图 3-1-15

三、设计要点

非承载车身的越野车，车身要挡住车架，车身高度尺寸很大，显得比较厚重，有时用贴花来降低厚重感。比如兰德酷路泽，见图 3-1-16。车用贴花是整车装配的时候贴上去的。

图 3-1-16

车身要做避撞设计。车身后部行李舱盖与后保险杠比，要靠前至少 3cm，比如奔驰 GLA，见图 3-1-17。这样发生追尾时，是后保险杠受到碰撞，不会殃及行李舱盖。

图 3-1-17

第二节　灯　　具

一、前灯

1. 功能和要求

前照灯有远光、近光，还会集成位置灯、转向灯、前雾灯甚至昼间行车灯。各种灯具的功能和要求见表 3-2-1。

表 3-2-1

	功　能	要　求
位置灯	从车辆前方观察，表明车辆存在和宽度	功率小，可用低功率白炽灯或 LED
远光	照明车辆前方远距离道路，车内不可调节高度	功率大，光源可以是卤素灯、氙灯、LED 等，成本相差很大。可以在光源前面使用透镜
近光	照明车辆前方道路，对来车和其他道路使用者不造成眩目或不舒适感，车内有调节旋钮，可以调节高度	功率大，光源可以是卤素灯、氙灯、LED 等，成本相差很大。可以在光源前面使用透镜
转向灯	单侧闪烁用于向其他道路使用者表明车辆将要向右或向左转向，双闪表示车辆故障等紧急情况	要求发琥珀色光，有两种方式可以发琥珀色光，白色光源 + 琥珀色配光镜，橙光光源 + 无色配光镜。光源可以是白炽灯或 LED，成本相差很大
昼间行车灯	在车辆白天行驶时自动点亮，车内无开关	开灯时间最长，为了避免频繁更换灯泡，一般使用 LED
前雾灯	用于改善在雾、雪、雨或尘埃情况下道路照明的灯具	光源可以是卤素灯或 LED

远近光可以一体化，共用一个反射面。

昼间行车灯和位置灯也可以一体化，采用两级亮度，更亮的是昼间行车灯，在开启位置灯后，昼间行车灯熄灭，位置灯亮起，相当于同一个位置的灯光变暗点。

昼间行车灯和转向灯也可以是同一个灯，采用双色 LED 来实现。

各种光源特点见表 3-2-2。

表 3-2-2

序　号	名　称	特　　点
1	白炽灯	便宜、电路简单，功率越大，寿命越短
2	卤素灯	发光效率高、耐久性好、体积小、灯丝紧凑
3	氙气灯	价格昂贵、产品寿命长、耗电少
4	LED	寿命长、启动时间短、结构牢固、电流消耗低、体积小、质量轻

一体式的前照灯，意味着较高的模具投入，如果要降低投入，就要在一个前照灯之内采用相等尺寸的圆形单元，取消外灯壳，减小模具的尺寸，减少模具数量。

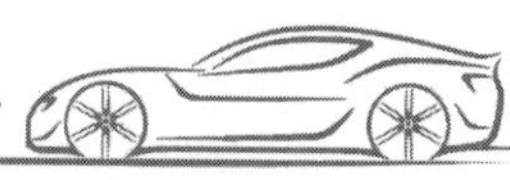

宾法设计的电动车 B0，因为计划产量不大，模具成本回收困难，就采用低成本灯具方案，前照灯有两个圆形发光单元，前保险杠上的前转向灯也是圆形发光单元。后尾灯也是两个尺寸完全相同的圆形发光单元，见图 3-2-1。只有后保险杠上的后雾灯和反射器是异形灯。

图 3-2-1

2. 灯具设计的历史

灯具设计随着科技的进步而进化，奥迪对灯具的设计很讲究，后面用奥迪 A4 的前照灯设计来梳理一下。

第一代奥迪 A4，前照灯是全部镀铝的，结构简单，成本低廉，可靠性好，见图 3-2-2。但是全灯都显白，缺乏颜色和材质的对比，缺乏层次感，缺乏设计感。这是一种功能优先、成本优先的设计。

图 3-2-2

第二代奥迪 A4，灯体用深灰色，远光、近光、转向三大功能区都设计成突出的灯筒，灯筒镀铝，深灰色灯体和镀铝灯筒之间产生强烈的对比，见图 3-2-3。这种设计比上一代的设计感好了一些。这辆车采用琥珀色配光镜，显得突兀，很多车都选择用琥珀色灯泡。

图 3-2-3

第三代奥迪 A4，加入了 LED 昼间行驶灯，LED 以相对稀疏的颗粒状出现，14 颗 LED 聚点成线排成汤勺状，LED 旁边有个装饰件与 LED 走向一样，也是汤勺状，见图 3-2-4。汤勺状装饰件旁边有 U 形装饰件呼应，这两个装饰件的共同点是，前端面光滑高亮，顶面有纵向纹理，浅灰色。这样从颜色上除了高亮银色和灯体深灰色之外，中间出现了新的颜色层次——浅灰色。比上一代多了颜色层次。

U 形装饰件和汤勺状装饰件有很大的纵深，深度在 8cm 以上，营造了灯具的立体感，更绝妙的是，转向灯藏在汤勺状装饰件的后面，从正面看，汤勺状装饰件和 LED 刚好挡住转向灯的灯泡，汤勺状装饰件和 LED 在转向灯的前面，是悬空的结构，而且不是桥式两端固定，而是单边固定悬空，这点需要想象力。

图 3-2-4

第四代奥迪 A4，远近光 LED 灯组，这为前照灯的设计带来新的革命，转向灯和昼间行驶灯是闪电形的导光管，见图 3-2-5。它有足够的辨识度，从锤炼线的角度，用线硬朗而锋利。

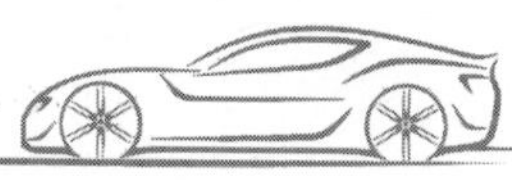

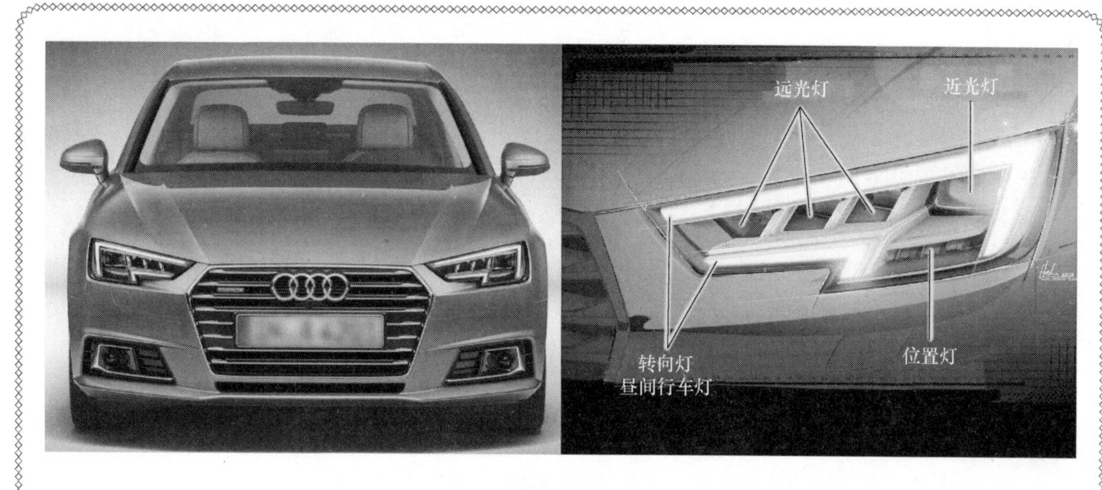

图 3-2-5

3. 设计要点

（1）前灯立体化设计

灯具不是孤立的，应遵从整个汽车的大布局，要与周围的设计元素融合，在整车前脸设计中已经有讲述。

灯具不要与周围的车身同一个面，这样的好处是，灯具本身更有立体感，而且如果灯具安装有一点误差的话，也看不出来，有利于降低装配工艺难度。

前照灯外表面与周围的车身和保险杠所有面都顺滑过渡的情况非常少见，至少会有一段边界两边的面不会顺滑过渡。

力帆 820 前照灯，只有圆圈处的灯具边界两边的面是同一个面，其余部分边界两边的面不是同一个面。车灯顶部边界，灯具外表面比机舱盖向下偏移了 1 ～ 2cm。灯具外表面与格栅是折面对接，折面夹角是钝角，不是同一个面。灯具与前保险杠也是折面，折面的夹角接近直角。在图 3-2-6 圆圈内的灯角处，灯具外表面和前保险杠才成为一个面。

图 3-2-6

雪佛兰爱唯欧的前灯没有外灯壳，见图 3-2-7。这种灯立体化效果好，成本低，但是风阻系数会轻微升高。所以，大多数乘用车都没有采用这种方式。

图 3-2-7

宝马 X2 前灯内部设计成纵深的感觉，营造深邃的眼神，这种表情是富有攻击性的，见图 3-2-8。

图 3-2-8

前灯的灯壳透明度很高，前灯有什么立体变化，看不出来，而后灯一般是红色为主的，透明度不高，立体化外表面后有明显的效果，比如保时捷 Macan。

（2）前灯的融合设计

灯具和格栅的融合设计是前脸设计的重点，见第二章第四节。灯具与周围的翼子板和机舱盖也有融合设计。

2005 年上海车展江淮轿跑概念车，灯面和翼子板都鼓起一个包，这两个包组成一个梭形，见图 3-2-9。

名爵 E-motion 的昼间行车灯就延伸到翼子板上，一直到接近轮包的地方，这是与翼子板融合，前照灯上方有一个盖子，盖子与昼间灯半圆形成一个整圆，远光灯亮时，盖子会打开，把光射出来，见图 3-2-10。这算是灯具与机舱盖的融合，是很有情趣和品位的设计。

爱驰 U5 ion 的前照灯设计不落俗套，见图 3-2-11，条状昼间行车灯往正前和侧面延伸了很远，正前延伸到标志附近，正侧延伸到后视摄像头。

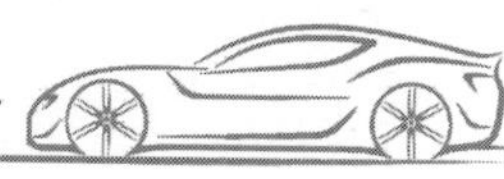

图 3-2-9

图 3-2-10

图 3-2-11

（3）灯具边界

一般来说，灯具的边界形状一般是外凸的，如果出现内凹的边界，就要慎重对待，也有把内凹边界设计得很好的。

普锐斯的前照灯边界相当有创新性，见图 3-2-12。但是把机舱盖和翼子板边界形状都定了。改款的时候，如果钣金不变，有特色的灯具的边界就不能变了。边界有特色的灯具，人们往往会忽略灯具内部的设计。

图 3-2-12

日产也是类似普锐斯的异形边界灯，比如楼兰，这个灯具设计更有气势，与周围的形状更加融合，见图 3-2-13。

图 3-2-13

福特锐界机舱盖就是水平的，没有灯具嵌入，见图 3-2-14。设计改款时，在不改动钣金件的情况下，灯具与格栅保险杠的边界可以根据新设计而改动。

（4）前照灯的布置创新

分体式前照灯，宝骏 510，除了昼间行驶灯采用 LED 以外，其余光源均采用普通光源，见图 3-2-15，仍然产生了强烈的创新效果，把格栅的亮条向两侧延伸，包裹住 LED 昼间行

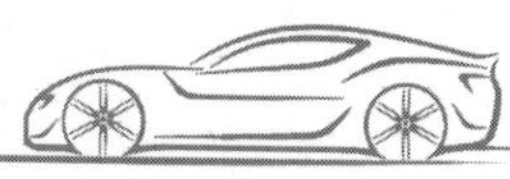

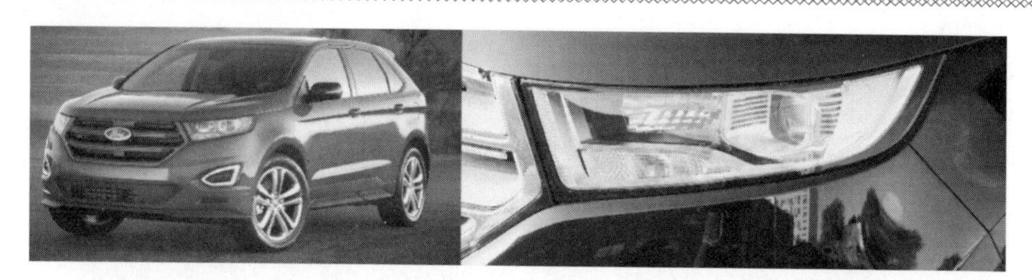

图 3-2-14

驶灯，相当于在传统的灯具位置出现了符合潮流的纤细前照灯，而其他的前照灯功能放到靠下的位置，与雾灯放在一起了。

图 3-2-15

Jeep 自由光和领克 01 也是这样，见图 3-2-16。这几辆车的不同在于主要的前照灯功能位置，比如远近光，宝骏 510 在独立的区域，自由光在前保险杠，领克 01 与前格栅一体。

图 3-2-16

（5）前照灯的 LED 线和镀铝线的布置

LED 线是可以发光的，镀铝线不能发光，在 LED 不发光的情况下，镀铝线比 LED 线亮。重合布置，宝马 5 的转向灯在灯眉上，从线到点，很有设计感，见图 3-2-17。

图 3-2-17

辉昂的前照灯的 LED 线和镀铝线部分靠在一起，这种布置显得略复杂，但是变化多端，给人深刻的印象，见图 3-2-18。

图 3-2-18

（6）前灯的遮挡

灯具的部分遮挡，有“犹抱琵琶半遮面”的情趣。本节灯具历史讲到第三代奥迪 A4 时，奥迪 A4 的前转向灯中间就被装饰板和昼间行驶灯挡住了一部分，使转向灯发出的光呈 C 形。

福克斯前照灯，远光灯的外缘往左右各伸出一只耳朵，挡在近光灯和转向灯的前面，见图 3-2-19。这样的设计增加了情趣，很有意思。

图 3-2-19

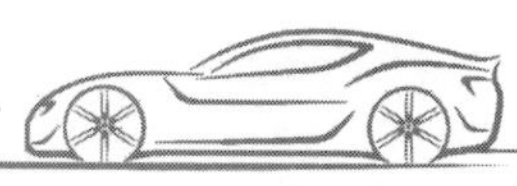

长安逸动 XT 用来遮挡的装饰件设计得更加漂亮精巧，见图 3-2-20。

马自达 CX-5 前照灯的远光灯前方被装饰条挡住，装饰条把格栅和灯具融为一体，见图 3-2-21。

圆灯筒的取舍，灯具中圆形元素缺下沿，代表可爱。很多卡通形象的眼睛就是圆形缺下沿，比如米老鼠等。如果一个设计诉求为“可爱”的汽车灯具在设计运用此元素是可以的，比如微型车。SUV 瑞虎 3 诉求为“彪悍”，在这辆车上采用这样的设计，就感觉和 SUV 形象相左了，见图 3-2-22。

图 3-2-20

图 3-2-21

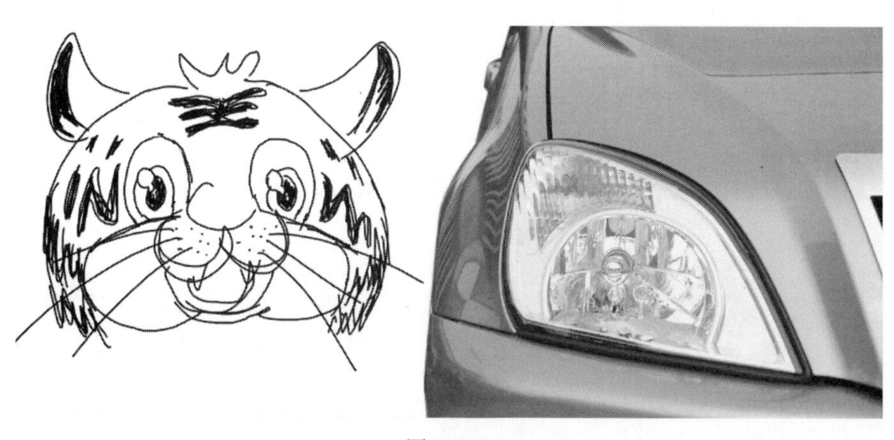

图 3-2-22

灯具中圆形元素缺上沿，就像钢盔遮住士兵的眼睛，代表凶悍和攻击性，比如宝马 X3 前照灯，见图 3-2-23。

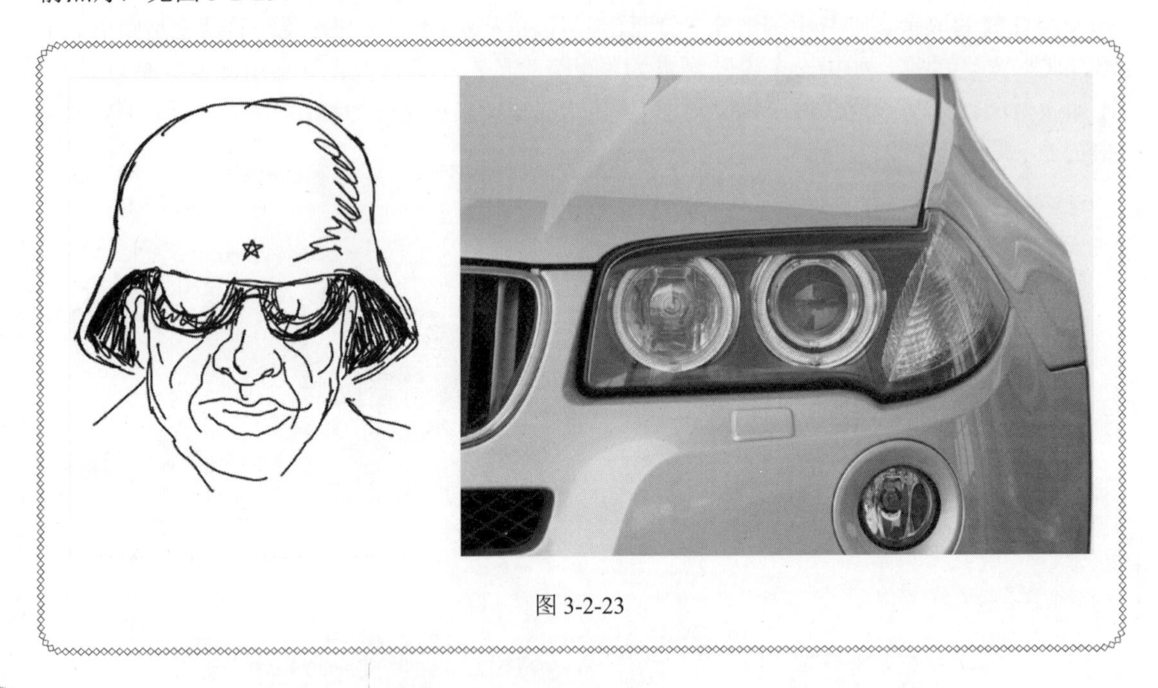

图 3-2-23

（7）用普通光源实现光带效果

奔驰 C2008 款的前照灯的位置灯布置在灯眉，是光带效果，见图 3-2-24，这个光带后面是两颗普通灯泡，不过灯泡外面有深条纹的半透明盖子，让人从外面看不到灯泡，也通过这个盖子来均匀化灯泡的光线，从而形成光带的效果。

图 3-2-24

（8）前转向灯设计

转向灯要求发出琥珀色光，有两种方式可以发出琥珀色光，白色光源 + 琥珀色配光镜，橙光光源 + 无色配光镜。

因为“白色光源 + 琥珀色配光镜”这种方案，在灯光未点亮时，配光镜琥珀色缺乏呼

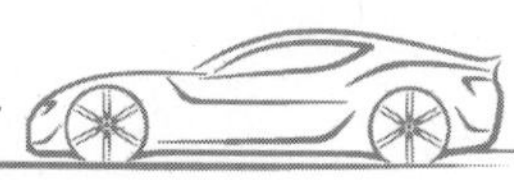

应，从颜色上显得突兀，所以大多数情况下，选择“橙色光源＋无色配光镜”这种方案比较保险。

力帆 X70 的前转向灯用的“白色光源＋琥珀色配光镜”，琥珀色配光镜仅是一个普通斜四边形，见图 3-2-25。如果用“橙色光源＋无色配光镜”，似乎更容易被接受。

图 3-2-25

广汽传祺的转向灯用“白色光源＋琥珀色配光镜”方案，见图 3-2-26，这个转向灯配光镜设计成三个箭头的形状，每个箭头上面还有尖利的棱线等特征。如果把三个箭头看成三根短线，用三线理论分析，这三个箭头线布置在灯具的边上，箭头方向朝两侧，有拉宽车身的视觉效应；线条锤炼有弹性、有粗细变化；断面线中间尖利凸起，符合箭头的特征，细节设计丰富。这个转向灯是化腐朽为神奇的。

图 3-2-26

二、后灯

1. 功能和要求

各种灯具的功能和要求见表 3-2-3。

表 3-2-3

	功　能	要　求
位置灯	从车辆后方观察，表明车辆存在和宽度	功率小，光源可以是白炽灯、LED 等，位置常常与制动灯重合，采用双亮度光源
制动灯	向车辆后方其他道路使用者，表明车辆正在制动	功率大，光源可以是白炽灯、LED 等，成本相差很大。可以在光源前面使用透镜
后雾灯	在大雾情况下，从车辆后方观察，使车辆更为易见	功率大，光源可以是白炽灯、LED 等，较少采用卤素灯。雾灯和制动灯反光面在后投影上相距不小于 10cm，所以很多会车把后雾灯独立出来，放到保险杠上面去
倒车灯	照明车辆后方道路和警告其他道路使用者，车辆正在或即将倒车	要求发白色光，如果整个外灯壳都呈现红色，为了发白光，就需要在外灯壳后面增加蓝绿色滤色片，从而确保叠加后呈现白色光。光源可以是白炽灯、LED 等
转向灯	单侧闪烁用于向其他道路使用者表明车辆将要向右或向左转向，双闪表示车辆故障等紧急情况。紧急情况	要求发琥珀色光，有两种方式可以发琥珀色光，白色光源 + 琥珀色配光镜，橙光光源。如果整个外灯壳都呈现红色，为了发琥珀色光，就需要在外灯壳后面增加滤色片，从而确保琥珀色光。光源可以是白炽灯、LED 等，成本相差大。多个 LED 组成的光带可以依次点亮，形成动态的转向灯
回复反射器	无光源，通过外来光源照射后的反射光，向位于光源附近的观察者表明车辆存在的装置	左右两边布置，一般情况下，单边有效面积不少于 $25cm^2$

为了把灯具横向布置，往往在后背门上设置灯具。根据 GB 4785 要求，不能把后位置灯、后转向灯和回复反射器三种功能布置到可移动部件上，例如后背门。如果后背门上布置了这些功能，需要在固定部位（侧围或后保险杠）布置相同的功能。这种要求用来保证在后背门打开的情况下，后车仍然能够看到前车的灯光。从而避免事故。

我国法律允许“左雾右倒”，即仅仅在左边布置后雾灯，右边布置倒车灯。

2. 灯具设计的演化

灯具设计随着科技的进步而进化，奥迪对灯具的设计很讲究，后面用奥迪 A4 的后灯设计来梳理一下灯具设计的历史。

第一代奥迪 A4，灯具上边缘和行李舱盖内凹的特征线对齐，位置灯和制动灯同光源，转向灯采用白色灯泡 + 琥珀色灯壳，后雾灯在后灯里面，后雾灯与制动灯的距离在 10cm 以上，见图 3-2-27。整个灯具仅满足功能要求，没有什么设计感可言。

图 3-2-27

第二代奥迪 A4，这个后灯还是以功能为主，设计上白色区域的下沿与行李舱盖的激光焊接缝基本对齐，转向灯采用琥珀色灯泡 + 无色灯壳，后雾灯在后灯里面，见图 3-2-28。

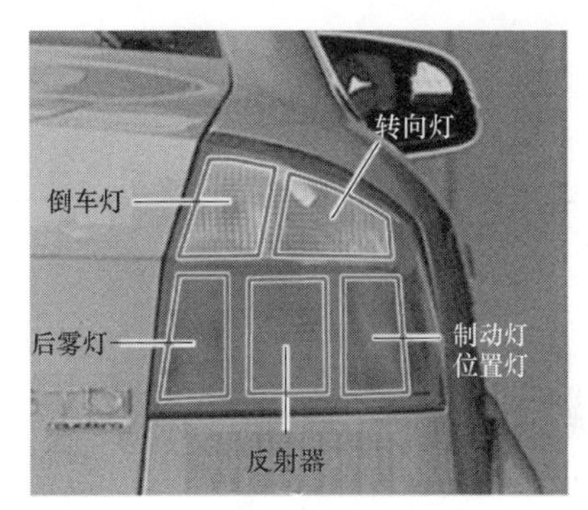

图 3-2-28

第三代奥迪 A4，虽然没有用 LED，但是有不错的设计感，见图 3-2-29。后雾灯在后灯里面，后雾灯、位置灯和制动灯的灯壳设计得很通透，在灯壳上没有设计密集的粗纹理，用条形的反射器挡住这三个灯的灯泡，同时形成了材质的对比，而且这个圈还是同调的。

图 3-2-29

后背门上出现了位置灯和反射器，其中位置灯在其他固定位置没有布置，不符合 GB 4785，原因是这个标准是 2015 年出台的，而第三代奥迪 A4 在 2013 年就停产了。

第四代奥迪，后灯大量使用 LED，见图 3-2-30。而且把后雾灯分到后保险杠上去了，带来设计上的方便性，这个灯的转向灯由很多颗 LED 排列而成，这些 LED 依次点亮和熄灭，带来动感。在行李舱盖上有一块无功能区，这块区域的纹理和颜色与制动灯区域很相似，制动灯不点亮时，制动灯和无功能区在视觉上是一样的。

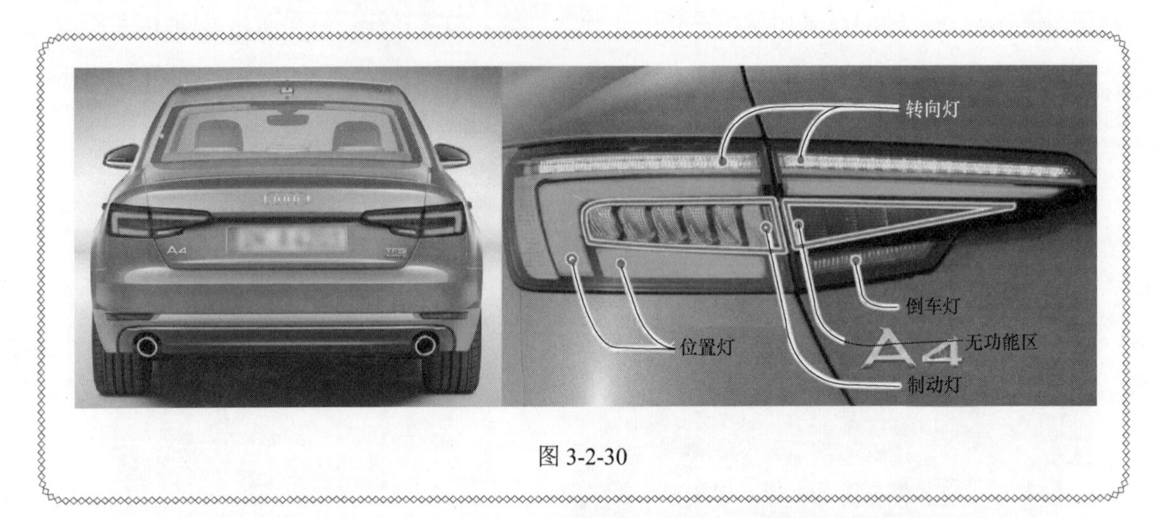

图 3-2-30

很多车会把制动灯和无功能区设计成倒车和转向区，这两个灯不亮时，可以呈现白色。后背门上有转向灯，根据 GB 4785—2007 判定无效，为了弥补这一功能，在侧围上也布置了转向灯。后背门上有独立的倒车灯，根据 GB 4785—2007，这是允许的。

3. 设计要点

（1）后灯立体化设计

长安奔奔的后灯突出于车身面。凸显出该车的运动感和个性，见图 3-2-31。

图 3-2-31

雪铁龙概念车 C-aircross，后灯立体感很强，完全突出车身曲面了，见图 3-2-32。

后灯具的通透性低于前灯具，从体量上来说，与钣金和塑料件有相似的体量感，这样灯具外表面的立体化造型显得重要，见第二章第一节第四条“汽车外观造型趋势”的第 1 条“立体化”。

灯具内部的立体化，福特锐界的后灯白色区域，采用 LED 排列来实现转向灯和位置灯功能，立体感很强，见图 3-2-33。

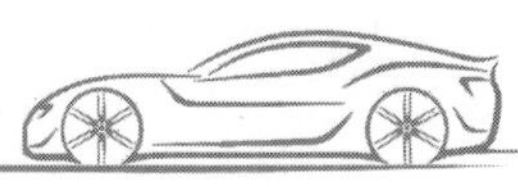

图 3-2-32

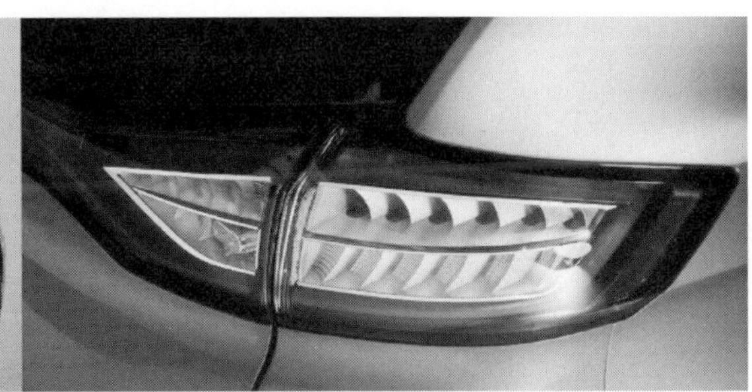

图 3-2-33

奔驰 EQA 的尾灯就是旋转飘动的飘带设计，不仅有动感，也很立体化，见图 3-2-34。采用 OLED 技术，成本较高。

图 3-2-34

雷克萨斯ES尾灯有竖向特征，见图3-2-35箭头位置。从形体上凸出车身形面，有立体感，作用是阻止车身侧面的空气粘滞到车尾，从而减小空气阻力。

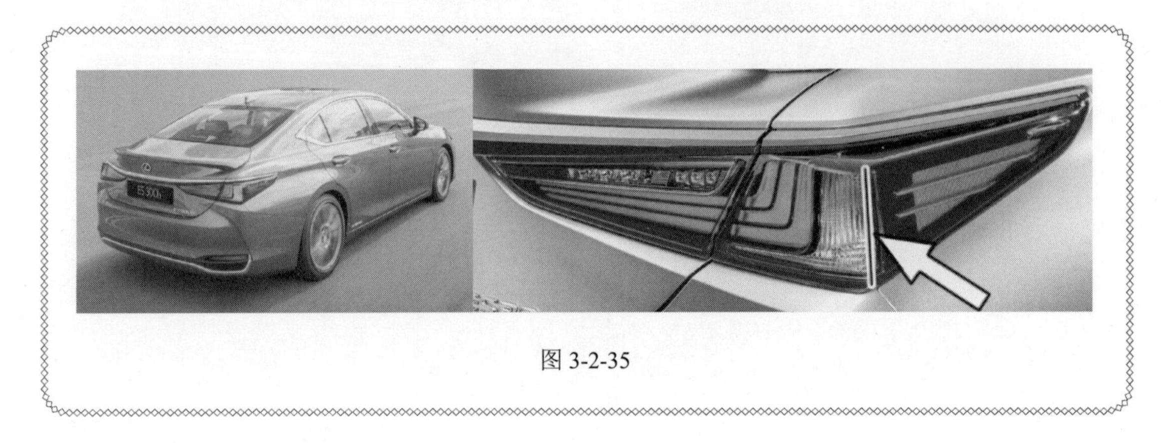

图3-2-35

（2）后灯融合设计

奥迪A4的后灯，奥迪A4车的后灯线和车身棱线相交，见图3-2-36。从造型上看，这块相交区域突出后灯面；从功能上看，这块相交区域是反射器，这是很巧妙的设计。竖向（Z向）的棱线成为整车的分离特征，阻止车身侧面的空气流粘滞到车尾，从而减小空气阻力。

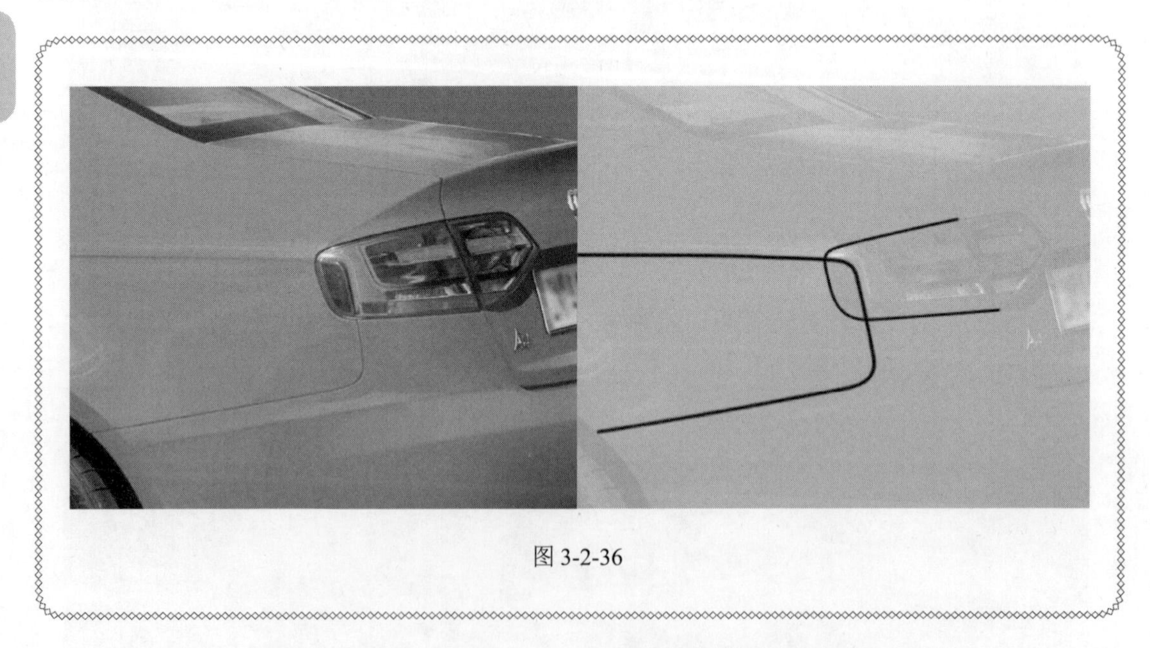

图3-2-36

宾法的B0也是后灯线和车身棱线相交，相交的区域就是反射器，见图3-2-37。

（3）后灯边界

需要考虑与整车风格契合，宝骏510与斯柯达科迪亚克有相似的风格，甚至腰线、轮包、轮毂都很相似，科迪亚克的后灯边界与整车风格契合，非常硬朗。而宝骏510的后灯就软了一些，见图3-2-38。

图 3-2-37

图 3-2-38

众泰 SR9 和保时捷 Macan 都是圆润风格，Macan 的后灯边界与整车风格非常契合，也是一样的圆润，而 SR9 的后灯边界就有一些尖角，见图 3-2-39。

图 3-2-39

小鹏 G3 和威马 EX5 都是横贯式后灯，见图 3-2-40。威马的中间段就变细了，富于变化，更好看一些。

（4）后灯设计中的平衡

在后灯中用红色和白色实现，红中有白，白中有红的平衡设计见第一章第三节“相容元素的平衡”。力帆 620 后灯，在白色区域内有两条红色条纹，白中有红，是平衡的设计，见图 3-2-41。

图 3-2-40

图 3-2-41

有时这种平衡会被刻意打破。比如第四代奥迪 A4 后灯，红色远远超过了白色区域。

有极少的车用全红的后灯，甚至有极个别的车用全白的后灯。

全红的后灯就是不发光的时候全红，发光时按照法规应该发什么光就发什么光。如果整个外灯壳都呈现红色，为了发白光，就需要在桃红色外灯壳后面增加蓝绿色滤色片，从而确保白色光，如力帆 820，见图 3-2-42。

没有点亮时呈现全白的后灯可以不考虑灯具色彩区域的平衡。雷克萨斯 RX 就是全白的后灯，这样的设计比较罕见，见图 3-2-43。

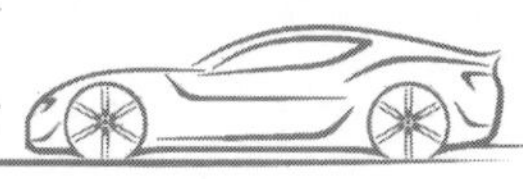

（5）后灯同调设计

图 3-2-42

图 3-2-43

现代 ix35 后灯有两圈红灯，见图 3-2-44，这两圈是同调布置的，外圈是位置灯，内圈是制动灯，在开和关的两种情况下，都是红色，但是光源、材质和结构都不一样，表现形式也不一样。外圈位置灯是低功率 LED，采用导光管，LED 布置在导光管的两端，这个灯用了 4 颗 LED，看起来是一根发光均匀的光带，没有颗粒感。内圈制动灯是较高功率的 LED，沿着整个内圈均匀分布，这个灯的制动 LED 用了 33 颗，每颗 LED 有反射面，反射面纹理呈放射状，沿光环径向分布，配光镜纹理呈条状，沿光环周向分布，看起来 LED 的颗粒感就出来了，与位置灯的视觉效果就大不相同。颗粒状 LED 可以提供较强的光线，所以一般颗粒状 LED 是制动灯，而导光管一般用于位置灯。

后灯侧面的同调设计，见第一章第三节第一条“同调原则”。

（6）后灯白色区域的设计

图 3-2-44

后灯白色区域很多都设计成条状，与牌照灯装饰条融合。

后灯白色区域相当于中国画中的留白，后灯的倒车灯和转向灯可以设计成白色区域。Jeep 自由侠 X 形白色区域，让人耳目一新，见图 3-2-45。

图 3-2-45

（7）用普通光源实现环状或带状的效果

第三代奥迪 A4 用反射器挡住灯具外表面的中间，实现环状的效果。

大众途观 2010 款的后灯，使用普通光源，但是有环状发光效果，见图 3-2-46。把制动灯和转向灯光源纵向重叠布置，在制动灯的反射面上伸出一个支撑来固定转向灯的反射面。这样制动灯就形成了环形效果。斜着看位置灯，可以看到隐藏在转向灯后面的制动灯的灯泡。为了与转向灯反射面支架错开，隐藏的制动灯灯泡有两颗。在位置灯的外面重叠布置一个不发光的银色装饰椭圆块，从而实现位置灯的环状发光面。与此车同代的大众车后灯都是类似的设计。

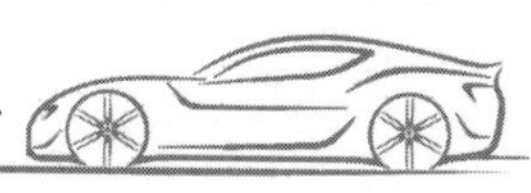

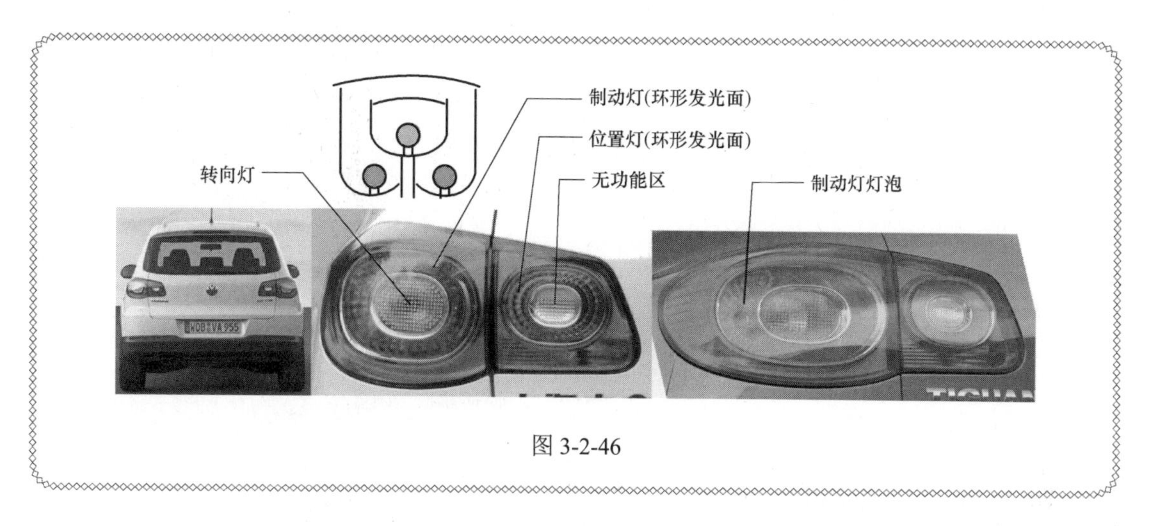

图 3-2-46

长安奔奔用 3 颗灯泡环形布置，但是中间的位置灯的发光区域和制动灯没有完全分开，制动时发光面是圆形而不是环形，而且会看见三颗灯泡，环形效果不明显，见图 3-2-47。

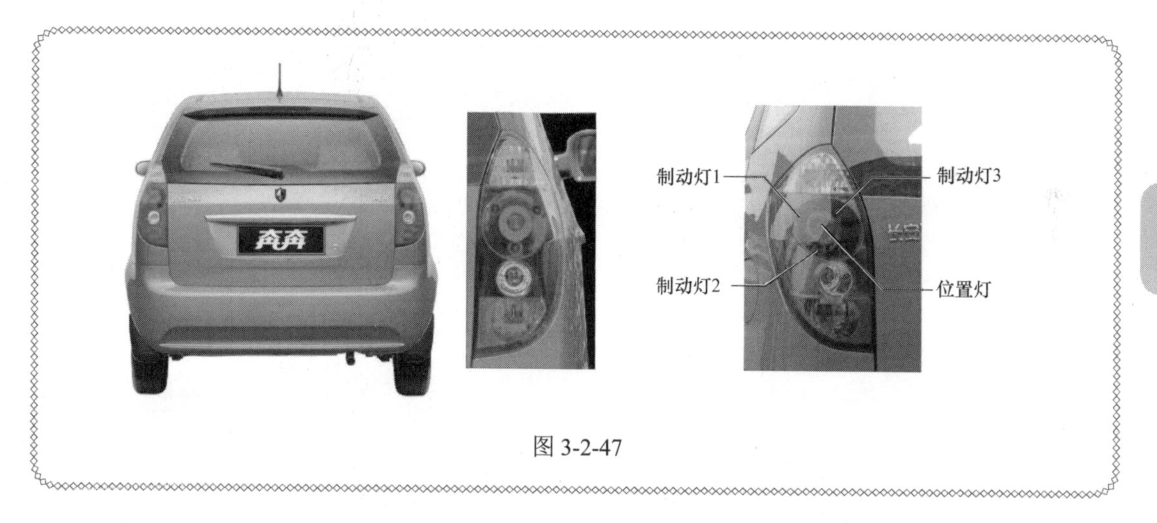

图 3-2-47

因为回复反射器透光很少，可以用来挡光。大众桑塔纳的后尾灯，光源采用普通灯泡，用回复反射器来遮蔽制动灯和位置灯的发光面，也能实现发光面呈现带状，见图 3-2-48。发光面采用深刻的纹理，用户也不能直接看到灯泡。雾灯与制动灯的发光面距离有 10cm。

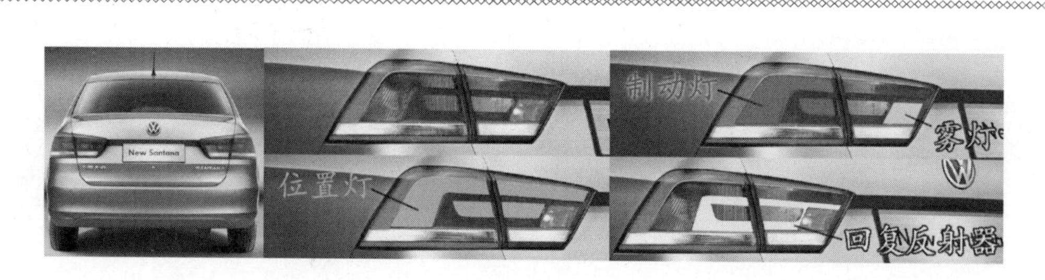

图 3-2-48

2007 款丰田卡罗拉后灯，在位置灯、转向灯、制动灯、雾灯的灯泡正后方的灯壳内表面设计圆形花纹，在图 3-2-49 圆圈位置，花纹的折射改变了灯光的强度，用极端简单的方式实普通光源的环状效果，这个花纹不是回复反射器，仅仅是折射光线用的花纹。

图 3-2-49

（8）动态灯在后转向灯上的运用

奥迪 Q3 的转向灯就是动态的，转向灯 LED 从内往外依次点亮，有动态的效果。夜间常亮的位置灯像弓，转向灯像箭，拼合成弓箭的完整图案，见图 3-2-50。

图 3-2-50

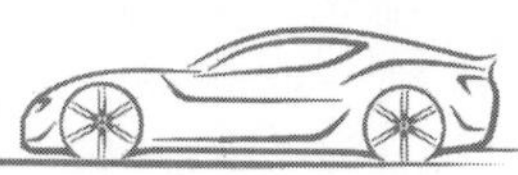

第三节　车轮轮毂和装饰罩

轮毂成本从高到低是：铝合金锻造轮毂、铝合金铸造轮毂、钢轮＋塑料装饰罩、钢轮。

一、铝合金轮毂

1. 功能需求

轮毂连接车轮和轮轴，支撑车辆。在整车外观中，轮毂的美观也很重要。因为轮毂与整车的联接只有几颗螺栓，相对独立，便于改装，所以轮毂改装市场很大。

轮毂设计与风阻和制动盘散热有关。这两个功能是互相矛盾的，轮毂的空隙越大，制动盘散热效果越好，但是风阻就越大。

以保时捷 911Turbo2007 款的盘式制动器为例，蓝色的冷风从车头进入底盘下面，进入车轮制动盘的内圈部位，沿着制动盘内部的细小风道冷却制动盘，进行热交换，蓝色的冷风变成红色的热风，从制动盘的外圈出来，从轮毂的空隙穿出来，见图 3-3-1。

图 3-3-1

保时捷 911Turbo 的轮毂里面有巨大的制动盘需要散热，所以轮毂辐条就很纤细，见图 3-3-2。纤细的辐条要承担载荷，需要从工艺和材料上考虑，比如锻造工艺和钛合金。

迈巴赫的轮毂空隙就很小，见图 3-3-3。这个轮毂的风阻就很小，但是制动盘的散热效果不好。

图 3-3-2

图 3-3-3

2. 结构和工艺

普通批量生产的铝合金轮毂，是一体压铸成型的。改装的目的为了好看，也为轻量化，工艺上经常采用锻造方式以减少轮毂本身的重量。有的豪华车会在车轮螺帽的外面加个盖子，用来挡住车轮螺母。劳斯莱斯幻影用盖子盖住车轮螺帽，标志盖是独立的，而且是不倒翁设计，无论车轮如何旋转，标志那个小盖子不会跟随车轮旋转，见图 3-3-4。

有的改装车轮毂的轮圈和辐条之间是用螺栓联接的。HRE 的改装车轮毂，辐条和轮圈就是用螺栓联接起来的，图 3-3-5 中每个轮毂都用了 30 颗螺栓进行联接。辐条和轮圈可以用不同的涂装。钛灰色辐条轮毂是运动轮毂。

一体成型的轮毂，如果是单色的，加工的部位在螺母的安装面，加工量很少；如果是双色的，一般是整个轮毂上灰色漆，然后车削加工，加工掉回转面上的灰色油漆，得到亮色回转面。

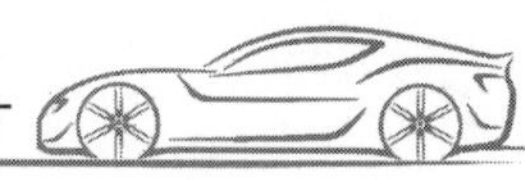

图 3-3-4

图 3-3-5

对于双色轮毂，如果亮色区域不在回转面上，就只能用加工中心来加工，工作效率会大幅下降，成本会大幅上升，极少数豪华车上的轮毂亮面不在一个回转面上。单色轮毂通过铸造或锻造完成，没有切削加工工序，不受切削加工限制。

宾利添越车轮有两处亮面，一处是主辐条，是扭曲面，不是回转面，一处是辐条上的孔，见图 3-3-6。这两处亮面的形状位置表明，这两处亮面都不能通过回转面车削加工得到亮面，只能用加工中心，加工设备更加昂贵，工时也增加了，成本自然会高得多。

轮毂涂装使用双色的比较多，单色的有银灰色、钛灰色，有些豪华车整个轮毂镀铬的。劳斯莱斯慧影的轮毂就是镀铬的，见图 3-3-7。

设计师喜欢把车轮的轮毂设计得更大，挤压轮胎的尺寸，因为轮胎是黑色，不显眼，轮毂一般是银色，比较显眼。如果要轮胎在侧面变薄，就需要配扁胎，成本变高。扁胎的受力状况恶化，爆胎可能性增大。

图 3-3-6

图 3-3-7

3. 设计要点

辐条多，代表稳重，辐条少，代表运动。辐条的设计需要有立体感。轮毂以大为美，有的运动型车为了做大轮毂，选用扁平轮胎。为了在视觉上做大轮毂，要把轮毂的辐条设计得尽量长。

（1）轮毂的立体化

轮毂的立体化包含轮毂面和辐条的立体化。

古斑羚的轮毂，所有辐条在一个平面上，见图 3-3-8，无论辐条形状如何，都显得单薄和无趣。

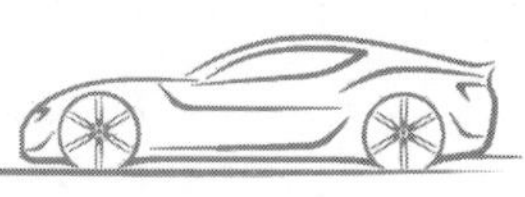

图 3-3-8

法拉利 458 的轮毂辐条面，从边缘到轮毂中心往内陷进去很多距离，见图 3-3-9。这就是轮毂面通常的立体化。

图 3-3-9

奥迪 S5，轮毂辐条通过转折线往里面转折约 90°，体现了辐条本身的立体化设计，见图 3-3-10。

图 3-3-10

马自达阿特兹的轮毂辐条立体化设计也出现剧烈的转折和扭曲，见图 3-3-11。

图 3-3-11

（2）辐条的对称

如果轮毂单根辐条自身对称，可以用一副模具制造左右两侧共四个轮毂，如果单根辐条自身不对称，只有用两副模具才能保证左右效果一样。

奔驰 A 级车的轮毂单根辐条自身对称，这种设计比较经济，只需要一副模具就可以制造左右车轮轮毂，见图 3-3-12。

图 3-3-12

本田思域的轮毂设计成旋风形，见图 3-3-13。左右都是同一副模具制造出来的，静态看这个轮毂，虚线是车轮旋风图案飞洒出来的方向，空心箭头是车轮图案设计出来的转动趋势方向，实心箭头是车轮的转动趋势暗示出来的汽车前进方向。从驾驶人侧看车，这个前进方向是对的，从副驾驶这边看车时，这个方向是倒车的方向，给人一个倒车的趋势。

大众 T-cross 的旋风车轮设计左右是对称的，见图 3-3-14。如果要批量生产，需要两副模具，但这是概念车轮毂，不是用模具制造出来的。有的车会在概念车采用旋风车轮，而量产车会放弃这种设计。

有的车会采用辐条主体对称，但是细节不对称的设计。左右车轮也共用一副模具。

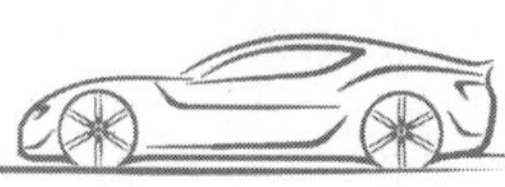

图 3-3-13

图 3-3-14

奥迪 Q3 的轮毂细节上有一点不对称，如果不仔细看，也看不出来，见图 3-3-15。

图 3-3-15

（3）双色轮毂亮区设计

辐条不可断，但是亮区可以断。吉利熊猫的轮毂把亮区打断，设计成一个五星镖，比较有创意，见图 3-3-16。遗憾的是，旋风状设计，只开一副模具，以至于出现与本田思域一样的问题。

图 3-3-16

高尔夫 2017 在回转亮面上采用平面设计的手法来强化立体感。用一根亮条打断另一根亮条，从视觉上，被打断的亮条靠后一些。实际上这些亮条位于同一个回转面上，见图 3-3-17。

图 3-3-17

（4）双色轮毂暗部设计

轮毂设计主流双色设计，亮面有起伏，创新点在于暗部有纹理。

阿斯顿·马丁 DBX 就是亮面有起伏，暗部有纹理，纹理呈网格状，纹理有疏密变化，中心紧密四周稀疏，见图 3-3-18。

新特 DEV1 的轮毂亮面用简单的线面来诠释新能源，暗面有线状纹理，暗示与电动汽车的联系，见图 3-3-19。有的新能源汽车在亮区设计纤细的平行线。

（5）轮毂布置线

辐条布置数量一般用单数，而少用双数。即辐条数量一般是 3、5、7，而少用 4、6、8。用单数可以让所有的辐条不在一条直线上，更加有变化，更加好看。

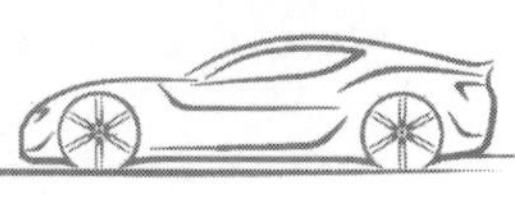

图 3-3-18

图 3-3-19

如果辐条是 4 根，那么这辆车一般是很有个性的小车。雪铁龙 C3 Aircross 就是采用 4 幅布置，见图 3-3-20。

图 3-3-20

而轮毂的联接螺栓数量，一般是4颗或5颗。辐条数量是5，而联接螺栓数量是4时，联接螺栓对造型有一点干扰。本田锋范就是5辐条设计，联接螺栓只有4颗，见图3-3-21。

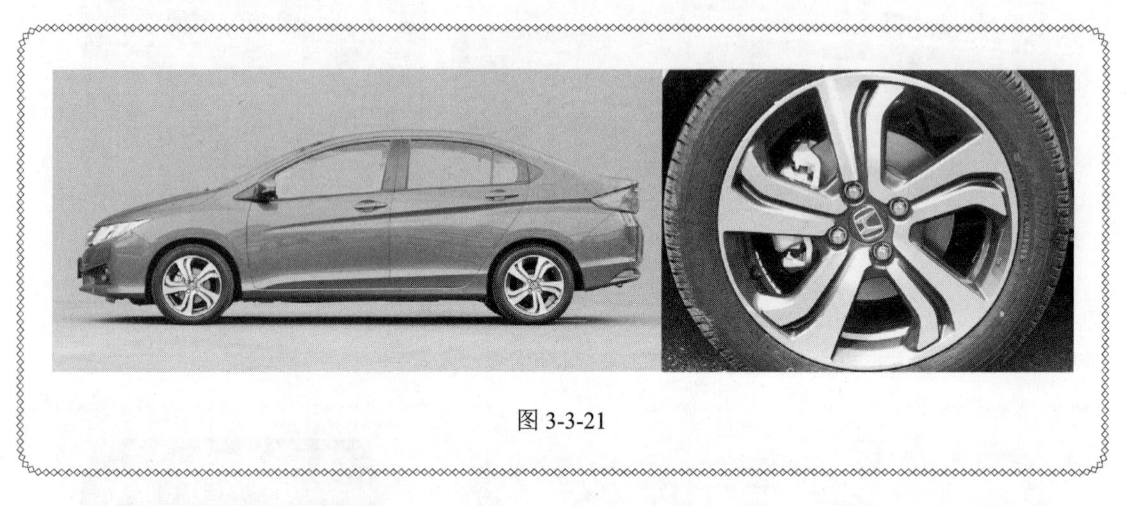

图 3-3-21

很多车会采用5颗联接螺栓，同时布置5辐条。这样的设计，外露的联接螺栓不会干扰造型。

（6）轮毂锤炼线

设计师一般希望轮毂越大越好，受各种因素限制，轮毂实际尺寸总是有限的，设计就是要从视觉上让轮毂显得更大。

把构成辐条的几何元素看成一条条的线，如果要从视觉上显得更大，得让它有向外伸展方向。锤炼线的原则是前弯后直，用在辐条设计上，就是要内弯外直，辐条才有向外伸展的趋势。

宝马概念车 EfficientDynamics，轮毂的设计棱线用内弯外直的方式，图3-3-22箭头位置有内弯外直的线，从视觉上扩大了轮毂直径。

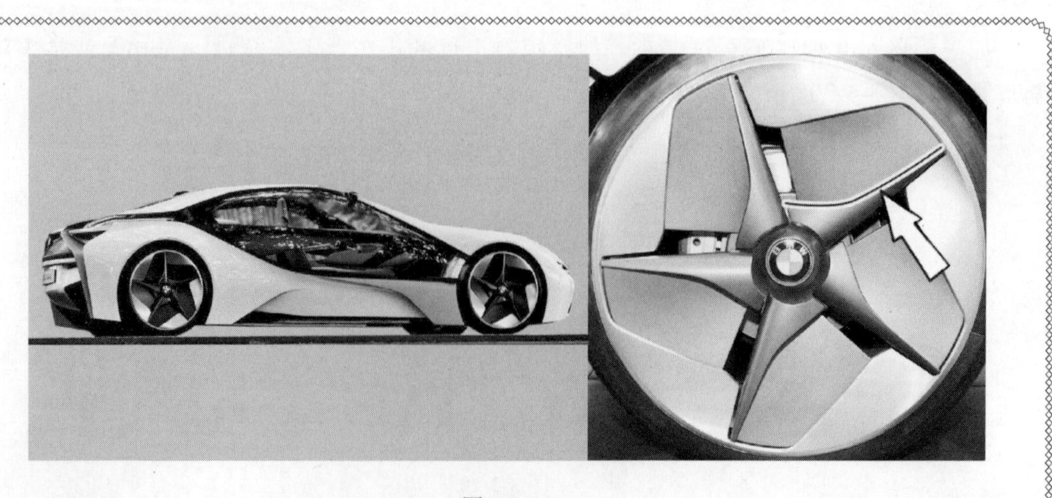

图 3-3-22

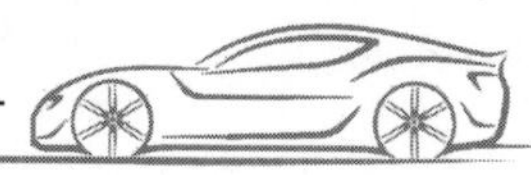

二、塑料装饰罩

1. 功能需求

有的汽车为了节省成本，用钢圈来支撑轮胎，不如铝合金轮毂美观，有的汽车只装钢轮，而不加装饰罩，只是将钢轮刷了白漆，这不是主流做法，主流做法是在钢轮外加个塑料轮罩，这个塑料轮罩就是装饰作用。

2. 结构和工艺

塑料装饰罩是整体注塑、一体成型的，外圈卡在钢轮的边缘上，有的轮罩在中间会用轮胎螺栓固定，但主要是靠周边卡紧来安装的。轮胎、轮罩、钢圈三者的关系见图 3-3-23。

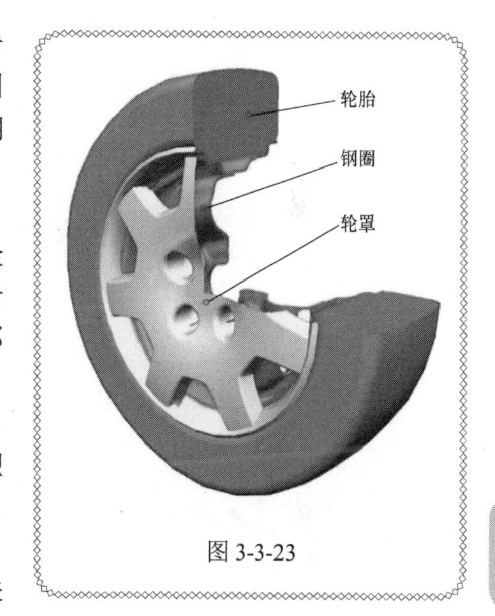

图 3-3-23

3. 设计要点

塑料装饰罩的外形和颜色如果设计得像铝合金轮毂，那就说明成功了。反之，如果别人从很远一看见这个塑料轮罩，一下子就看穿他廉价的真面目，那就失败了。

颜色上，肯定是要选用单色铝合金轮毂的颜色，一般是高光银灰色，有的铝合金轮毂是双色的，而塑料轮罩则一定是单色的，因为分色涂装会增加成本，为了降低成本，塑料装饰罩只能是单色。

标致 206 的塑料装饰罩是把车轮螺帽也露出来的，让人感觉这是个铝合金轮毂，见图 3-3-24。

图 3-3-24

丰田雅力士致享有三种车轮的配置，见图 3-3-25，从上到下是铝合金轮毂、钢圈 + 塑料装饰罩、钢圈。

从造型上，为了与铝合金轮毂看齐，塑料装饰罩需要设计得立体化，形面有纵深感才好。

为了能够挡住钢圈，塑料装饰罩的辐条间隙要设计得足够小。这一点与铝合金不同。

致享的塑料装饰罩立体化就设计得相当好，从照片上仅仅可以从两点看出来它是塑料轮罩：一、看得到轮罩后面的钢圈，而不是制动系统；二、看不到车轮的螺帽，一般铝合金轮毂会露出车轮螺帽。少数的铝合金轮毂会在中间设计盖子挡住螺帽，但这样一来小盖子和轮毂之间就有间隙。

图 3-3-25

凯迪拉克 SLS 赛威就是在铝合金轮毂中间加个小盖子挡住车轮螺帽，提升豪华感。很多豪车就采用这种方式，见图 3-3-26。小盖子和铝合金轮毂之间有安装间隙。

斯柯达晶锐是经济型的小型车，采用钢轮 + 塑料装饰罩的形式，在类似赛威的小盖子位置，设计了类似小盖子的特征，还沿着这个圆形特征设计了六个条形通孔，用以模仿赛威的轮心盖子与铝合金轮毂之间的安装间隙，可谓用心良苦。

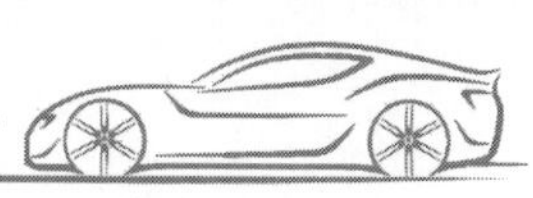

图 3-3-26

第四节　其他细节

一、发动机装饰罩

1. 功能需求

发动机装饰罩盖在发动机缸盖的上面，起装饰作用。发动机上有机油口盖和机油尺，机油尺用于检查机油高度，机油口盖用于加注机油，一般要在装饰罩外观上设计机油口盖的操作孔，也要考虑避让和便于取放机油尺的空间。另外，要考虑装饰罩在发动机上的固定方式。

日产天籁的装饰罩，见图 3-4-1。箭头 a 位置是机油口盖孔，箭头 b 位置是机油尺拉手，箭头 c 位置是装饰罩安装螺栓。

丰田 RAV4 的装饰罩，见图 3-4-2。箭头 a 位置是机油口盖孔，箭头 b 位置是机油尺拉手。这个装饰罩采用隐蔽的安装方式，在装饰罩的背面有 4 个安装沉孔，把这几个孔对准安装头压下就可以实现安装。隐蔽的安装方式不会干扰设计方案，很多装饰罩采用隐蔽的安装方式。

2. 结构和工艺

装饰罩主体一般是塑料压铸而成，大多数不喷漆，日产天籁的装饰罩就非常典型，仅仅把设计上镀铬的标志分离出来，采用热铆的方式安装到装饰罩上。丰田 RAV4 的装饰罩，整体喷涂了银灰色漆。

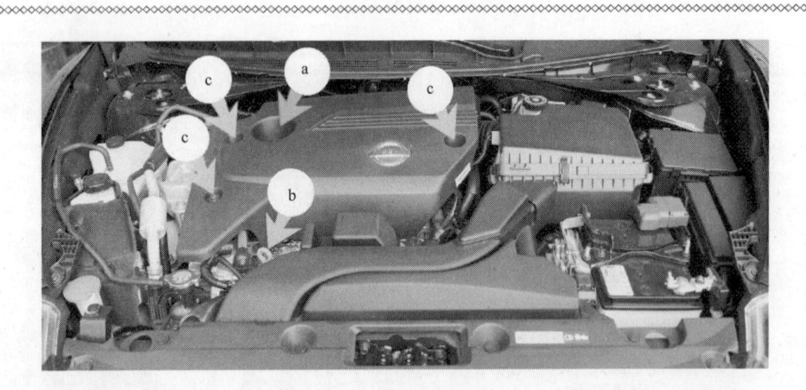

图 3-4-1

图 3-4-2

有的装饰罩是采用双色设计，一般 V 形布置发动机才会采用双色装饰罩。雷克萨斯 LS350 采用 V6 发动机，采用双色装饰罩，见图 3-4-3。

图 3-4-3

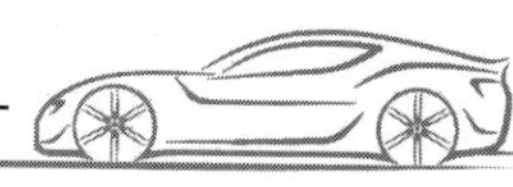

3. 设计要点

发动机装饰罩和发动机有对应关系。对于 V 形布置的发动机和横向直列的发动机，发动机装饰罩就会截然不同。

奥迪 A8 的 V6 汽油机的装饰罩，图 3-4-4 中箭头所指位置有 6 个类似的设计元素。

图 3-4-4

奥迪 A8 的 V6 柴油机的装饰罩，发动机装饰罩上也有 6 个类似的设计元素，见图 3-4-5 箭头所指位置。

图 3-4-5

V6 发动机一般会设计 6 个相似的设计元素来对应 V 形 6 缸发动机。

对于直列 4 缸发动机，有的装饰罩还是会与发动机的气缸对应。

日产骐达，是直列 4 缸发动机，见图 3-4-6。在下方箭头所指处可以看到 4 根排气管，装饰罩上设计了 4 个相似的特征（上方箭头所指位置）与之对应。

图 3-4-6

因为直列 4 缸是经济型乘用车标配的发动机，不值得炫耀，于是，有很多直列 4 缸发动机的装饰罩没有设计 4 个相似的设计元素来与 4 缸相匹配。

马自达 3 昂克赛拉，是直列 4 缸发动机，在图 3-4-7 箭头所指处可以看到 4 根进气管，装饰罩上并没有设计 4 个相似的特征与之对应。

图 3-4-7

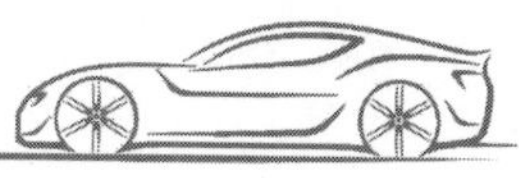

二、外观分缝线

1. 功能需求

零件分缝是受零件的制造工艺和成本影响的，有的分缝左右都是相同材质的零件，有的分缝两边是不同材质的零件，还有四门两盖是活动的零件。设计时，尽量不要让分缝线干扰造型。

2. 结构和工艺

（1）面的起伏会影响分缝线

工程会调整分缝线，避免干涉。前后车门的分缝线，在面往外鼓的地方，分缝线会往前移，面内凹的地方，分缝线会往后移。雷克萨斯 NX 的面起伏很硬朗，分缝线的变化就很锐利，分缝线就像折线，见图 3-4-8。

图 3-4-8

（2）活动缝与固定缝共线

活动缝是指缝的两侧有相对运动的部件，比如发动机舱盖、行李舱盖、车门。活动缝一般比较宽，在 5mm 左右。而固定缝是指缝隙的两侧零件没有相对运动，比如保险杠和车灯，保险杠和翼子板。固定缝一般很窄，在 1mm 左右。

在某段分缝线上同时拥有活动缝和固定缝，就要认真处理。处理原则是，哪个显眼，就保证哪个顺畅。如果是车身钣金、灯具和黑色亚光零件，就要保证车身钣金的边界光顺，牺牲灯具和黑色亚光零件的边界光顺，因为车身比灯具和黑色亚光零件更加显眼。同理，如果遇到车身钣金和镀铬亮条，就要保证镀铬亮条的边界光顺，因为镀铬亮条更显眼。

后轮包的设计有活动缝的问题。钣金边界是分色边界，很重要，要保证钣金边界的顺畅。

途观 2012 版，没有保证钣金边界的顺畅，只是亚光黑色轮眉实现了顺畅，见图 3-4-9。

途观 2017 版，保证了钣金边界的顺畅，亚光黑色轮眉有点不顺，但是黑色区域不显眼，所以这种做法才是正确的，见图 3-4-10。

长安 CS15 的分缝设计就只保证后背门框边界的顺畅，而放弃了分色线的顺畅，尽管分色线更为重要，见图 3-4-11。

图 3-4-9

图 3-4-10

图 3-4-11

力帆 X70 在后背门分缝的下沿，也遇到这个问题，由于车身是高亮的，而保险杠是黑色亚光的，车身边界是鲜明的分色边界，所以就保证车身边界的顺畅，见图 3-4-12。

图 3-4-12

在后灯附近往往会遇到活动缝与固定缝共线的情况。

奔驰 A 级后尾灯，见图 3-4-13，后灯上边缘，活动缝与固定缝共线。采取的处理方式是，在后灯上设计缺口，保证钣金边界的顺畅。而后灯的边界就是不顺畅的，因为钣金比后灯更显眼。

图 3-4-13

迷你 COOPER S 后灯镀铬装饰圈比钣金还要显眼，所以选择保持镀铬圈的顺畅，而放弃钣金边界的顺畅，见图 3-4-14。

前照灯与翼子板、保险杠、发动机舱盖三个件相邻，其中发动机舱盖是活动件，发动机舱盖和车灯之间是活动缝，必须保证较大的缝隙，才能避免灯具被发动机舱盖打坏。翼子板和保险杠是固定件，没有相对运动，灯具和翼子板之间就是固定缝。

图 3-4-14

比亚迪 F3 前照灯见图 3-4-15，这个灯具上边缘分为三段，中间段 b 就是活动缝，a 段和 c 段是固定缝。为了保证钣金的连续性，只能牺牲灯具外表面边界的连续性，在 a 段和 b 段相邻的位置，灯具外表面有明显的缺口，即高度差。

图 3-4-15

宝马 X3 灯具，见图 3-4-16，上边缘分为两段，a 段是固定缝，b 段是活动缝，X3 灯壳外表面有明显的转折，在虚线位置。高度差一直从上边缘延续到虚线位置。为了模糊这种高度差，在阴影区域的灯体上设计了 X 向（纵向）条纹纹理。

图 3-4-16

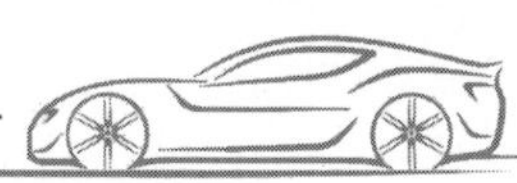

还有一种思路，把固定缝做大，让固定缝(图中b段）与活动缝（图中a段）一样宽，这个问题就解决了，好处是不需要灯具设计缺口了。特斯拉Model X就是这种设计，见图3-4-17。

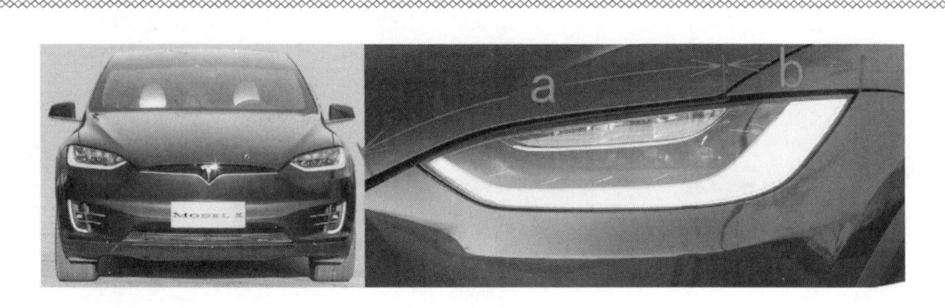

图3-4-17

观致3的翼子板和前照灯之间的固定缝（图中a段）间隙从小到大变化，见图3-4-18。这种思路不常见，工艺控制较难。

图3-4-18

3. 设计要点

零件之间的视觉界限是分缝线，分缝线是不得不考虑的造型问题，造型不要被分缝线所左右，也不要让分缝的走向过于难看。

如图3-4-19和图3-4-20所示，左边起亚千里马的前保险杠和翼子板分缝线中有尖角，箭头位置不顺畅，而右边的别克君威此处的分界线，很相似，就是圆角，效果就好了很多。

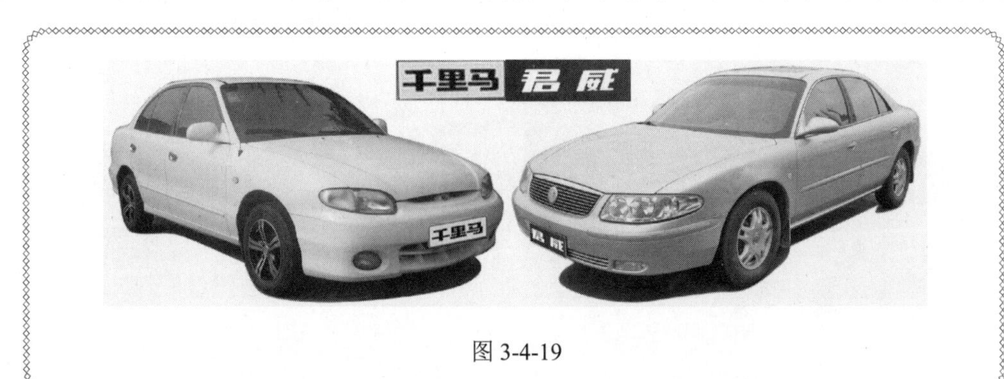

图3-4-19

图 3-4-20

在后尾灯位置的分缝线是颜色的分界线，这种分缝线显得尤其重要，后尾灯边界要慎重（图 3-4-21）。造型要控制分缝线，而不要被分缝线控制。这两辆车的行李舱盖分缝线都连接后风窗玻璃和后灯角，有相似的分缝线。宝马 525Li 的后灯边界显得神采飞扬，而标致 508 的后灯边界过于随意。图 3-4-22 中箭头所指灯具尖角显得很随意。

图 3-4-21

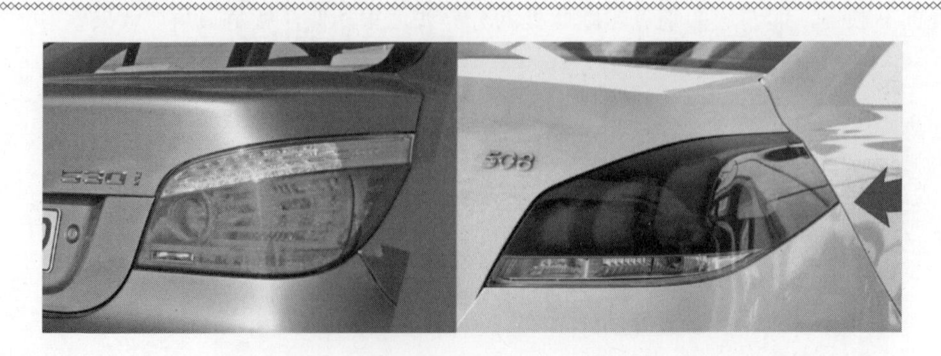

图 3-4-22

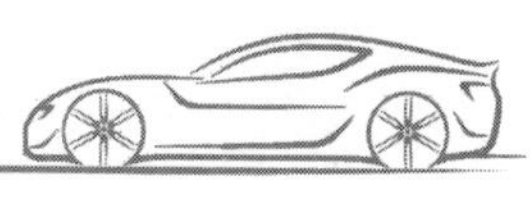

三、后牌照坑

1. 功能需求

前牌照没有照明要求，所以牌照可以比周围的型面都高，一个安装平面上，大小牌照都可以安装。所以没有前牌照坑。

没有为后牌照准备安装坑位的车还是有的，一般是概念车，奇瑞概念车 TX 和昶洧 SUV 就是这样的，坑很浅，难以布置牌照灯，见图 3-4-23。

图 3-4-23

全世界的牌照有各种各样的尺寸，如何安装是一个问题。

全世界的牌照尺寸是不一样的，规格多种多样，中国是 44cm×14cm，俄罗斯是 54cm×14cm，牙买加是 32cm×22cm。

爱丽舍的牌照坑，见图 3-4-24，如果遇到 32cm×22cm 这种牌照，尺寸如中间车出现的框，下部会吊在牌照坑外面，这是允许的，牌照的大部分还可以贴合安装面。

遇到 54cm×14cm 的这种牌照，尺寸如右车出现的框，比牌照坑还要宽，就基本上不能安装了。如果在牌照下面装支架，把牌照垫出来，装到牌照坑外，这样是无法达到照明要求的。

图 3-4-24

富康的牌照区域，遇到 32cm×22cm 这种牌照，牌照就无法贴合安装面了，见图 3-4-25。

图 3-4-25

遇到 32cm×22cm 这种牌照时，从 Y0 截面（车辆对称面）上看，见图 3-4-26，左图的牌照上部都贴合安装面，下部吊到坑外，这是允许的，例如爱丽舍。而右图的牌照没有与安装面贴合，例如，富康就是这样。

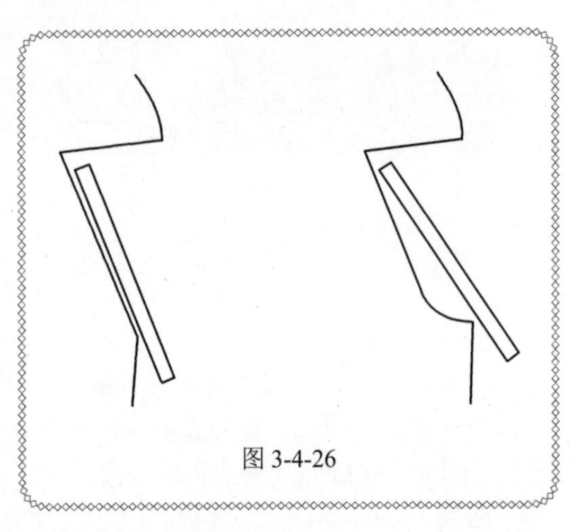

图 3-4-26

2. 结构和工艺

后牌照有照明需要，大多数车选择从牌照的上方布置照明，也有选择从牌照的侧面照明的情况。

标致 108 是牌照上方照明，这是主流的牌照照明方式。雪铁龙 C1 是牌照两侧照明，这种布置方式比较少见，丰田 AYGO 是从牌照下方照明，这种方式很罕见，见图 3-4-27。图 3-4-28 中用箭头指明牌照灯的位置。

图 3-4-27

3. 设计要点

别克英朗的两厢车和三厢车，后牌照坑设计完全不同，见图 3-4-29。两厢车牌照坑外棱尖、内棱圆，三厢车牌照坑外棱圆、内棱尖。两厢车的设计方式比较容易被接受，也是大多数车的设计方式。

图 3-4-28

图 3-4-29

四、轮包设计

1. 功能需求

轮包是为了挡住车轮飞溅的泥水，但是随着设计的进化，轮包逐渐演化成了装饰功能。

2. 结构和工艺

轿车的轮包就是在钣金上设计凸出的圆环面。而有的越野车和 SUV 为了体现强壮的肌肉感，设计有外凸的塑料轮包。

3. 设计要点

典型的越野车轮包是为了实现挡泥的功能，外凸的距离大。丰田 FJ 酷路泽和 Jeep 牧马人，见图 3-4-30。

图 3-4-30

有的 SUV 也采用类似越野车的轮包设计。观致 3 SUV，轮包形状是圆弧，断面是类似越野车的凸出轮包，见图 3-4-31。

图 3-4-31

东风风行景逸 SUV，轮包形状是圆弧，断面是类似越野车的凸出轮包，见图 3-4-32。

奇瑞概念车 TX，轮包形状是方圆结合的，断面比较非主流，见图 3-4-33。

力帆 X80，轮包形状是圆形，见图 3-4-34，车身钣金有约 3cm 宽的圆环形面，内圈还有黑色皮纹 PP 塑料件，是约 6cm 宽的圆环形面，塑料件往外凸出 5mm。这就是主流的 SUV 轮包设计。这样设计的好处是：有黑色轮眉体现 SUV，用高亮的车身钣金凸显轮包。相对而言，观致 3SUV 和景逸 SUV 就不能用高亮的车身钣金凸显轮包。

丰田汉兰达，断面与 X80 类似，轮包形状是前低后高的非对称梯形，见图 3-4-35。这种梯形方案有动感，比较好看，就是设计上比较难以驾驭，容易显得怪异。

图 3-4-32

图 3-4-33

图 3-4-34

图 3-4-35

宝马 X3 也是异形轮眉，与汉兰达也不同，见图 3-4-36。

图 3-4-36

五、格栅

1. 功能需求

格栅是燃油车用来进风的，进风的目的是冷却发动机和空调的散热器。电动汽车也需要散热，电动机、蓄电池、空调都需要散热。但是需要散热的部件很多并没有布置在车辆前端，一般把空调散热器布置在前保险杠后面，只需要在前保险杠上开孔散热。所以电动汽车

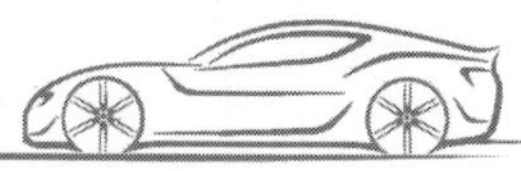

可以取消格栅，比如特斯拉 Model 3 仅仅在前保险杠上开孔进风，见图 3-4-37。

图 3-4-37

格栅对有散热需要的区域要穿透进风，不需要散热的区域要封闭，减少紊流，从而减小空气阻力。这点在第一章第二节中讲到过。

格栅位置是比较显眼的，所以格栅还有一个功能，就是承载品牌 DNA，而宝马 i3 是电动汽车，宝马的双肾形格栅还是要保留的，设计成不进风的格栅，见图 3-4-38。

图 3-4-38

有的电动汽车把格栅区域设计成车辆对外联络互动的显示屏。

smart 的 Vision EQ fortwo 和本田的 Urban EV，见图 3-4-39，这是未来的方向之一。

2. 结构和工艺

最简单的格栅就是一个进风用的塑料零件，一般选择车身同色，也有用黑色的。力帆丰顺就是车身同色的格栅，见图 3-4-40。

图 3-4-39

图 3-4-40

黑色格栅的车一般前后保险杠和牌照灯装饰条也采用黑色。黑色就是材料的本色，不需要表面处理，备货也不考虑车身颜色了，可节省掉相应的人工和材料费用，从而降低成本。五菱之光 2015 款实用型就是这样，讲究实用，性价比高，见图 3-4-41。

讲究装饰作用的格栅会选择镀铬。简单的镀铬格栅是横条设计，整体镀铬的。绝大多数镀铬格栅会在镀铬亮条的后面设计黑色亚光的格栅，这个黑色格栅也称为隐格栅。在有隐格栅的情况下，设计上可以自由一些，可以设计成相互不相连的镀铬横条或镀铬亮点，比如奔驰的格栅，见图 3-4-42。

中国品牌很讲究隐格栅的设计，试图嵌入一些中国元素。吉利金刚在正前方三个区域分布相同的隐格栅，一个是格栅区，另外两个是前保险杠上面，见图 3-4-43。格栅区的隐格栅分布试图与梯形格栅的左右两个斜边同调，也采用倾斜方式布置。

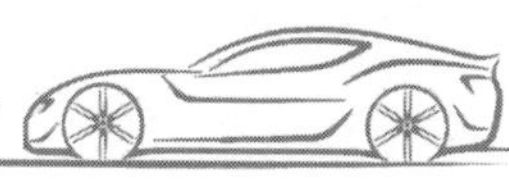

图 3-4-41

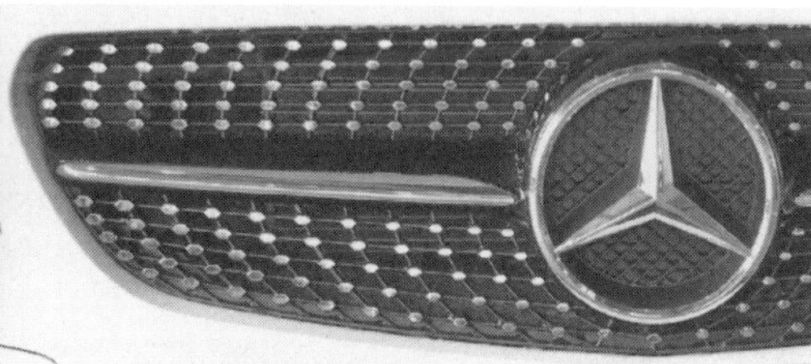

图 3-4-42

图 3-4-43

隐格栅一般采用亚光黑色，有的车会采用高光黑，如果要采用高光黑色，隐格栅对于造型的影响力就提高了，等同车身曲面，同时要求隐格栅的设计达到车身曲面的最低标准，二阶连续，即曲率连续，比如两个面直接圆角仅能实现相切连续，即一阶连续。英菲尼迪的高光黑隐格栅是水波纹，显得优雅从容，波澜不惊，见图 3-4-44。

图 3-4-44

雷克萨斯 UX 的高光黑隐格栅形成一个明显外凸的包罗面，包罗面最外凸的点在标志位置，见图 3-4-45。各单元有大小和方向的变化，以保证与周边形状的同调，格栅的运动感强烈。

图 3-4-45

雷克萨斯 UX 新能源汽车标志采用蓝色，而且隐格栅单元形式也不同，见图 3-4-46。

铃木凯泽西的隐格栅也是高光处理，这种隐格栅模仿钢丝网形状，显得饶有情趣，见图 3-4-47。

有屏幕显示功能的格栅是在显示屏外面布置一块曲面的有机玻璃。用来保护屏幕，也用来保证整车曲面的完整性。奔驰 EQA 的格栅就可以显示多种图案，同时也是车身曲面的一部分，见图 3-4-48。

图 3-4-46

图 3-4-47

图 3-4-48

3. 设计要点

（1）满天星格栅

满天星格栅的亮点颗粒尺寸差异不宜太大，汉腾 X5EV 的格栅亮点颗粒大小差异就很大，而名爵（MG）的亮点大小差异就合适，见图 3-4-49。

图 3-4-49

满天星的亮点布置一般是两条线的焦点，同时要考虑标志的位置。欧尚 COS1 和海马 SG00 的布置方式相似。都是被标志挤弯的竖线与水平线的交线，见图 3-4-50。

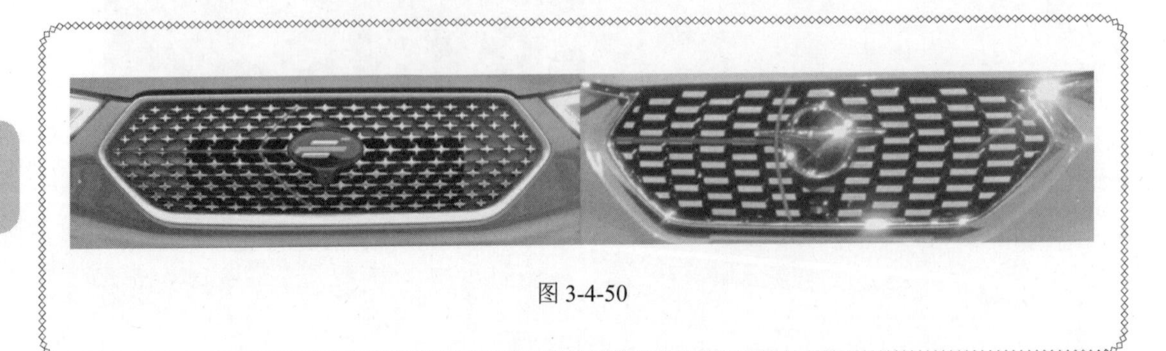

图 3-4-50

汉腾 X5EV 和奔驰 CLA 的布置方式相似，是标志的同心圆和横向线的交线，见图 3-4-51。

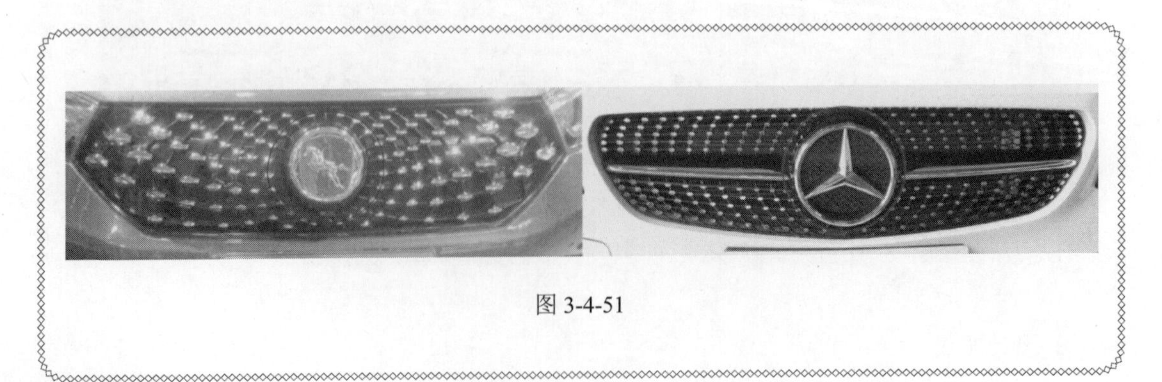

图 3-4-51

众泰 T800 的布置方式是两根直线相交，名爵 X-motion 的布置方式是上下两根围绕标志的曲线相交，见图 3-4-52。

图 3-4-52

（2）格栅与保险杠下格栅要形成差异

一汽 X121 的格栅是水波纹状态的，下格栅也是这个样子，是机械式的重复，缺乏变化，而且都是环状格栅，感觉不够稳定，见图 3-4-53。吉利帝豪 GL 上格栅是水波纹状态，下格栅就完全不同，亮条是八字形，格栅是横条纹，变化更加丰富，而且感觉很稳定。

图 3-4-53

六、亮条设计

1. 功能需求

外观装饰亮条一般要起到画龙点睛的作用，所以在需要强调的地方用来点缀，如果大面积地应用，会显得很土气和异类。比如丰田的 MPV 埃尔法和普瑞维亚，见图 3-4-54。普瑞维亚的亮条很少，但是显得很有品位，而更加豪华的埃尔法亮条很多，前脸亮晃晃的一片，土得掉渣，不忍直视，可能是为了迎合土豪们的品位吧。

2. 结构与工艺

大多数外观亮条是镀铬的，随着环保的要求，也有其他的工艺，例如喷漆、烫印等。亮银是主流，也有金色、蓝色、绿色等。

丰田皇冠 VIP 的标志配有金色，从整车看来，仅仅是很克制的点缀，恰恰是这样才能彰显品位，见图 3-4-55。

图 3-4-54

图 3-4-55

长江电动 SUV 概念车 Vincent 粗壮的金色装饰条，见图 3-4-56，感觉很土豪，也许是为了迎合土豪们的口味吧。

3. 设计要点

（1）避免亮条对标志的干扰

标志是识别信息，亮条仅仅是装饰，亮条远远不如标志重要。如果亮条足够粗壮，而且与标志很近的话，可能干扰标志，形成喧宾夺主的格局。

瑞麒 G3 的标志本身很纤细，格栅亮条相对较粗，格栅横亮条对标志有一定的干扰，见图 3-4-57。

瑞虎 3X 的粗壮亮条中间有奇瑞的标志，形成对标志的干扰，见图 3-4-58，凯迪拉克凯雷德也是相似的布置，但是装饰亮条稍细，而且凯迪拉克的标志有诸多彩色元素，亮条对标志的干扰不大。

（2）粗壮的亮条显得土气

即便没有与标志相连，亮条一般也不要设计得太粗，太粗会显得土气。瑞麒 G6 在前后保险杠和裙线都有很宽的装饰条，见图 3-4-59。

图 3-4-56

图 3-4-57

图 3-4-58

图 3-4-59

雪铁龙 C4 和 C3-XR 都试图在亮条设计上创新，见图 3-4-60，在 C 柱位置都有很粗的亮条。C4 的亮条是个 C 形，在侧玻璃的上下沿比较细，在 C 柱位置比较粗，在后门的固定窗玻璃区域，亮条粗细是逐渐变化的。

C3-XR 的 C 柱位置的亮条是行李架的延伸，材质和断面线都一样，行李架亮条、C 柱亮条和水切线亮条共同形成 C 字，就是 C 柱的粗亮条不怎么好看。

宝马 7 的裙线装饰亮条就很细，显得精致，也压低整车视觉中心，整车显得稳重。而且翼子板处亮条镶嵌在前轮包出风口位置，让亮条像一根高尔夫球杆，显得颇有生活情趣，见图 3-4-61。

图 3-4-60

图 3-4-61

（3）亮条线本身断面要做大的弧高，不宜与其他材质区域共面

因为亮条主要有装饰作用，为了获得较好的反光效果，需要亮条断面立体起伏大。其他材质断面立体起伏小，为了二者共面，只有把亮条的立体感降低，这样的代价是亮条不亮。

比亚迪 S7 就是格栅上的亮条和灯具外表面共面，见图 3-4-62。这样的亮条反光效果要差一些。

亮条如果要穿插到灯具区域，要在灯具表面或灯具里面设置亮条或与亮条断面相似的

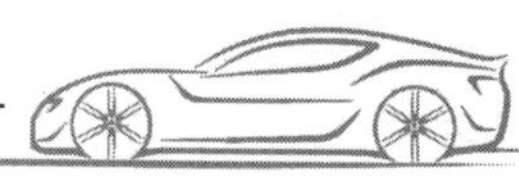

图 3-4-62

功能件，在前面“前照灯与格栅的融合设计”中卡罗拉的设计案例中有讲到。

吉利远景 2010 款装饰条和周围的车身同面，亮条的反光不够亮，见图 3-4-63。

图 3-4-63

吉利远景 2018 款就设计了一些细节，见图 3-4-64，没有让亮条与周围的车身同面，而是突出来，亮条就亮起来了，亮条本身分区，分出约四分之三的宽度作为亚光区，用来布置品牌英文名字，剩下高光的宽度约为四分之一，高光区域窄，又避免了土豪气息。

（4）亮条的端面最好不要暴露，如果暴露出来，要削薄处理，减小暴露的端面

汉腾 X5EV 把亮条放在靠外的面上，见图 3-4-65，不容易处理亮条的端面。如果要在面上硬生生地放亮条，也要在面上设计一个浅坑，把亮条半埋在浅坑里面。

图 3-4-64

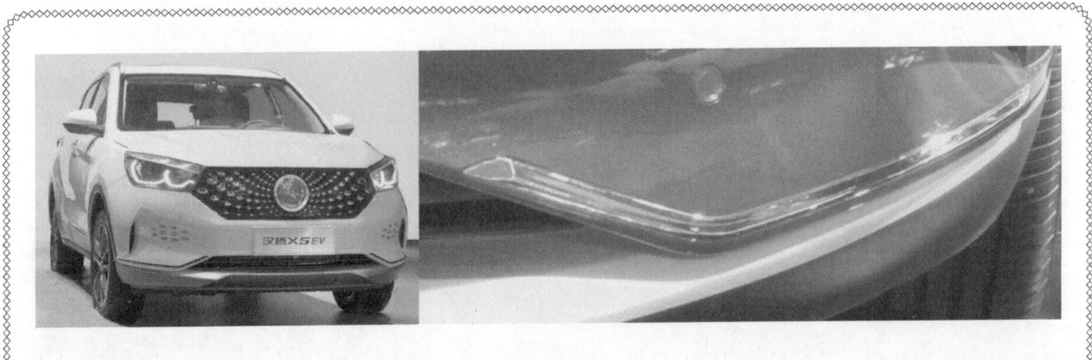

图 3-4-65

荣威 RX3 雾灯位置的亮条端面完全埋在其他零件里面，这样设计就很好，见图 3-4-66。

图 3-4-66

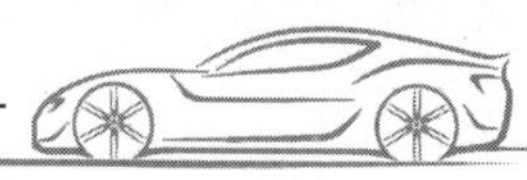

（5）亮条忌尖角

亮条边界以顺畅饱满为宜，不要太多尖角。中华 V6 的亮条感觉尖角略多，见图 3-4-67。

图 3-4-67

（6）避免破坏亮条的完整性

雪佛兰探界者的镀铬格栅亮条被亚光黑色的格栅件削掉了一部分，见图 3-4-68 箭头所指位置，格栅边缘出现了尖点，对格栅的完整性有一定的破坏。从视觉影响上，格栅亮条重要性高于黑色亚光的格栅，这辆车为了保持黑色格栅形状的完整而破坏了格栅亮条的完整性。

图 3-4-68

第四章

整车内饰造型设计

第一节　创　　意

一、功能需求

内饰是人的活动空间，要考虑人的活动方式，考虑怎么让人的活动更加方便，考虑人对设备、造型、颜色、材料的反应。本田提出的MM理念，即Man maximum Mechanism minimum（乘坐空间最大化，机械空间最小化），旨在创造更大的车内乘员活动空间，为乘员带来更加舒适的体验。当然，内饰要布置空调、安全气囊等部件，对内饰设计的限制是必然的。

1. 仪表台变薄

仪表台变薄，高度方向尺寸变小，可以扩大乘客的腿部空间。有的车会在副驾驶前方的仪表台上设计两个置物箱。蔚来ES8为了减薄仪表台，加大乘客腿部活动空间，把副驾驶前方仪表台区域的置物箱取消了，见图4-1-1。同时，ES8的副驾驶座椅支持前后滑动，并配备有电动调节的腿托和脚托，进一步提升了副驾驶乘客的乘坐舒适性。

ES8的副驾驶座椅有点像MPV埃尔法的第二排座位，见图4-1-2。

图4-1-1

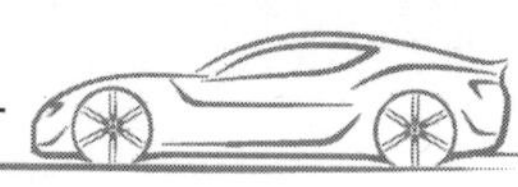

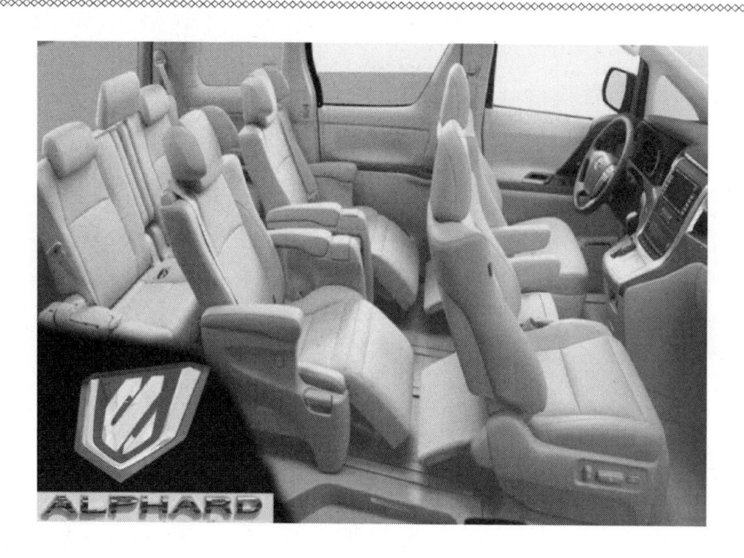

图 4-1-2

2. 中控区域转向驾驶人

从人机工程学角度考虑，中控区域转向驾驶人，这便于驾驶人观察与操作中控。奥迪 A6 中控区域转向驾驶人，由此带动仪表台和副仪表台的造型调整，见图 4-1-3。

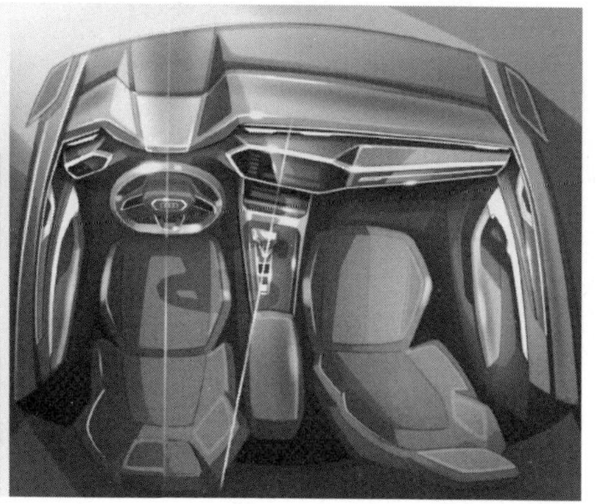

图 4-1-3

3. 后排中央地板隆起

用户一般需要平整的后排地板。隆起的地板会侵占乘客空间。后排中央地板隆起的车很多，有的原因是布置排气管，有的是因为地板加强筋凸出来了，有的是布置后驱或四驱传动轴。即使是两驱车，只要该车型还有四驱版本，就会与四驱车的地板一样隆起，这是为了与四驱车共用后地板，从而节省模具费用。

奥迪 A4 的后排中央就隆起得非常高，占了后排的空间，后排中间的乘客应该感觉比较局促。图 4-1-4 所示钣金上区域就是钣金的中央通道。

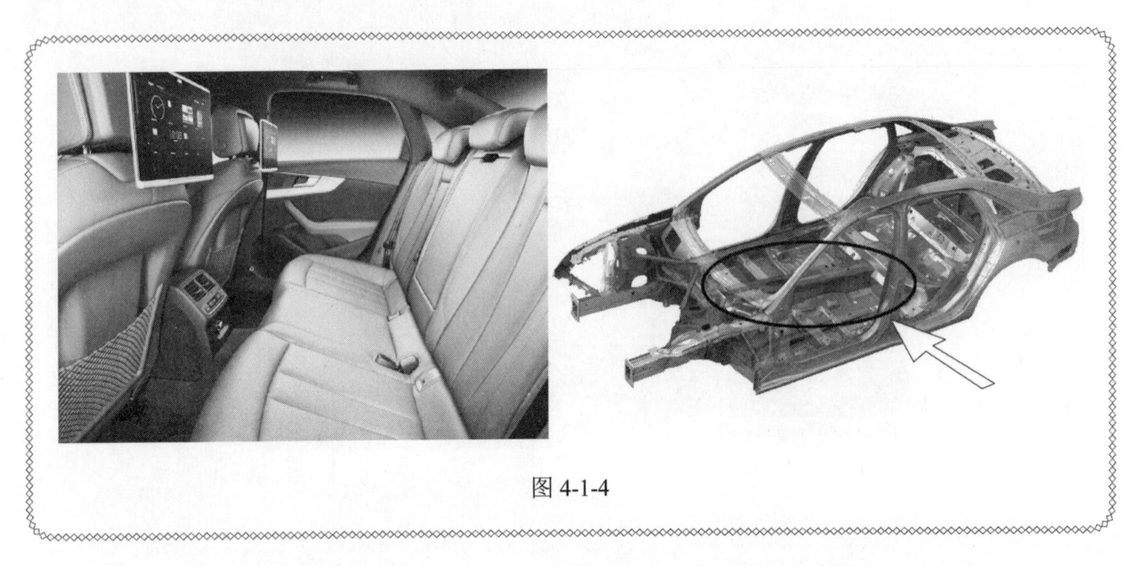

图 4-1-4

丰田卡罗拉的地板隆起尺寸很小，只是有为了保持地板钣金强度而设计的加强梁，见图 4-1-5。副仪表台也没有往后延续，保证了后排乘客的空间。

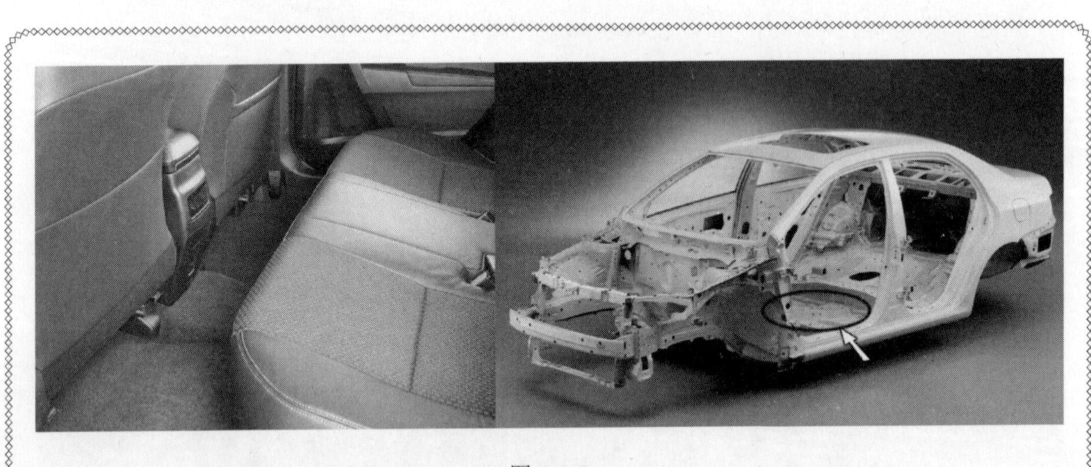

图 4-1-5

4. 双 A 柱视野问题

为了让整车的风阻变小，有的车 A 柱设计得很倾斜，但是前车门的门框不能跟着倾斜的 A 柱往前延伸，导致 A 柱一分为二，成为双 A 柱，这种车的 A 柱视野问题显得更明显。比如 DS5，见图 4-1-6。驾驶人的视野盲区越大，出现事故的可能性就越大。

5. 空间布置

有的汽车在车顶上布置了巨大的置物箱，在后面还有行李拖车，但是大多数汽车是在车内实现空间的多变和储物的需要。

大众途观如果折叠座椅，可以放下一两个冲浪板，见图 4-1-7。

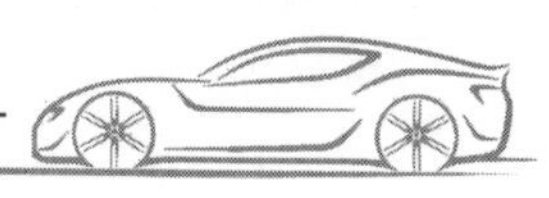

图 4-1-6

图 4-1-7

大众迈特威定位于商务 MPV，有三排座椅，第二排座椅可以前后滑动，而且可以旋转 180°，从第二排座椅的中央扶手可以升起一个小圆桌，第二排和第三排乘员可以面对面地开个会，见图 4-1-8。

图 4-1-8

蔚来 ES8 虽然取消了副驾驶前方的仪表台杂物箱，但在副仪表台下方设计有开放式的储物格，见图 4-1-9。

图 4-1-9

二、内饰的主题

1. 豪华

除了使用真材实料，汽车如何设计才能营造豪华感？

（1）空间要足够大

车的胚子要大，这是基础，否则豪华感无从谈起。难以想象轴距 2340mm 的微型车上可以营造出豪华感。Mini 和 smart 讲究个性化，而不是豪华，见图 4-1-10。

图 4-1-10

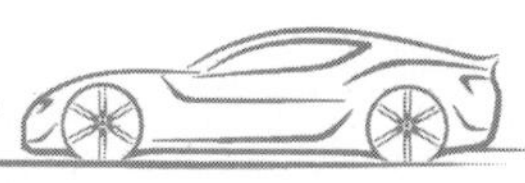

（2）设计要严谨

要经得起推敲，不要过于随意。比如门内饰板和仪表台的关系，仪表台的分色边界与门内饰板要顺畅过渡。

宝马 525Li 豪华套装版在仪表台和门内饰板交界的区域（圆圈标识），分色线都顺畅过渡，体现得很严谨，见图 4-1-11。

图 4-1-11

宝马 525Li 运动套装版更追求视觉冲击感，就没有那么严谨了，见图 4-1-12。

图 4-1-12

（3）设计要精致

在大的布局和小细节上都要周密考虑。

宝马 X7 的风口亮条圈非常精致，分成 6 段，见图 4-1-13。箭头 a 有三段，是固定的；箭头 b 有两段，是风向拨片；箭头 c 有一段，是风量拨轮。

2. 科技

科技感主要来自配置，比如大屏、HUD（Head Up Display），现在要做的是，让这些高科技的配置凸显出来。比如特斯拉 Model S 的大屏设计，见图 4-1-14。

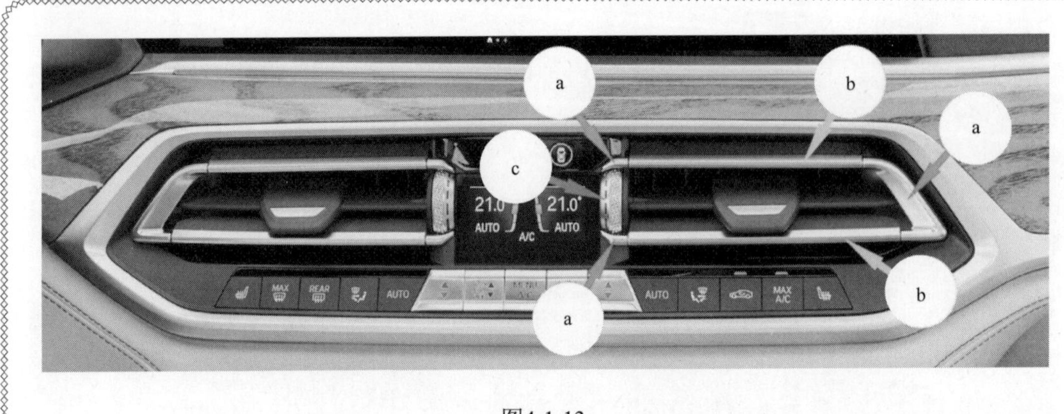

图4-1-13

图 4-1-14

三、内饰造型设计趋势

1. 立体化

内饰断面线忌光顺，而是分界线以上的零部件往外凸，这样也可以隐藏零件之间的分界线，从而提升感知质量宝马 X1 的仪表台就是这样设计的，见图 4-1-15 中的断面线。

2. 融合设计

在布置线的时候，往往要考虑融合设计。

（1）一体化设计

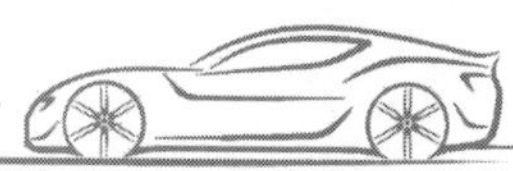

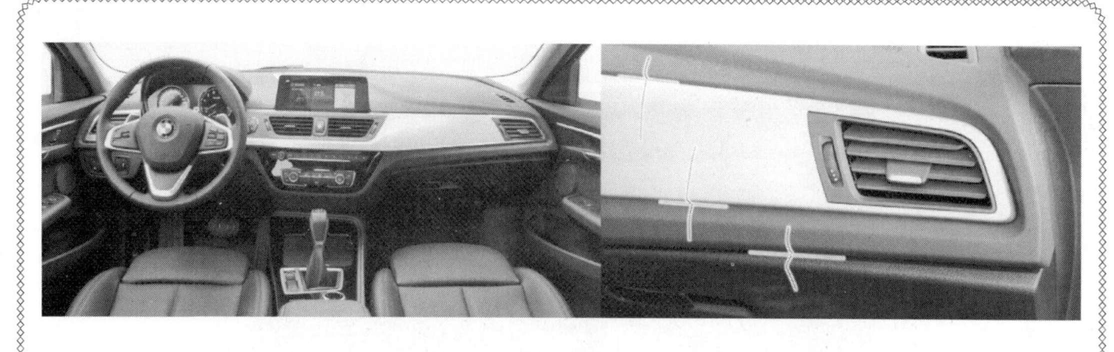

图 4-1-15

一体化设计就是多个不同功能的零件组成一个形状。比如 2016 款宝马 X1，图 4-1-16 箭头所示区域，空调风口、MP5 控制面板和空调控制面板三个部件组成一个倒梯形。

图 4-1-16

马自达 CX-9，仪表台上的空调风口和门内饰板上的内拉手融为一体，线条顺畅过渡，还采用相似的材质，见图 4-1-17。

内饰上有一些区域不适宜布置装饰条，比如组合仪表罩，即组合仪表的遮光罩，这个区域被转向盘挡住，不适合装饰，事实上组合仪表罩上镶嵌装饰条的车就很罕见。图 4-1-18 中都是把组合仪表罩和装饰条一体化设计，这样的设计看起来很新奇，在量产车中几乎看不到。

（2）相似形设计

2010 款宝马 X1 的 MP5 屏幕边界和空调风口都呈倒梯形，相互呼应，见图 4-1-19。

图 4-1-17

图 4-1-18

图 4-1-19

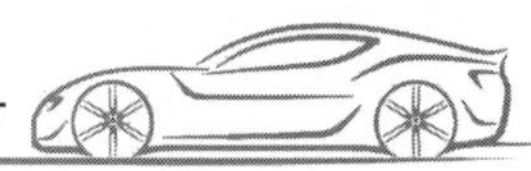

现代 i40 的转向盘和中控面板采用相似的形状，见图 4-1-20。这样做的效果很震撼。

图 4-1-20

第二节　内饰布置线

外观的布置线首先要考虑车辆的姿态和比例，而内饰的布置线在设计之前，要考虑两大关系：

1）仪表台和副仪表台的关系。

2）仪表台和车门的关系。

一、仪表台和副仪表台的关系

1. 中控区域大车横向布置为主，小车可以随意一点

车内最主要的视觉区域之一是中央控制区域，这里一般有空调和影音系统，仪表台和副仪表台的关系会体现在这个区域。中控区域需在横向布置和纵向布置两种方式之间作出选择。

奔驰三种车型的仪表台对比，见图 4-2-1。S 级的中央控制区域是横向为主的线条，仪表台横向线条是连贯的，中央空调风口和空调控制按键都放在仪表台上。

C 级中央控制区域视觉上与副仪表台连成一体，中央空调风口和控制按键安装区域与副仪表台连成一体，中央控制区域是竖向为主的线条。

E 级则处于 S 级和 C 级之间，中央空调风口在仪表台区域，而空调控制按键安装区域与副仪表台连成一体。

中央控制区域横向为主的布置会让车内横向尺寸显得很大，即显得更宽，中央控制区域竖向为主的布置会让车内高度尺寸显得很大，即显得更高。

2. 仪表台和副仪表台完全分开也是一个方向

如果仪表台和副仪表台完全分开，副仪表台安装精度要求就大大降低了。这种车型就更加强调横向的线条。宝马 i3 就是把仪表台和副仪表台完全分开了，见图 4-2-2。

图 4-2-1

图 4-2-2

有的车型干脆取消了副仪表台，本田 UrbanEV 就是这样，见图 4-2-3。驾驶时需要靠副仪表台的侧面来寻找加速踏板，在没有副仪表台的情况下，寻找加速踏板变得困难。在加速踏板旁边设计一块挡脚板显得很有必要。

图 4-2-3

二、仪表台和车门内饰板的关系

仪表台与车门内饰板的布局关系反映设计的严谨程度，越严谨就越正统。

奔驰 S 级车仪表台的设计元素与门板上的设计元素精确对接，而且顺滑过渡。C 级车门内饰板上有水转印木质花纹，但是仪表台上没有相应的水转印区域与之对接，设计上相对随意一点，活络一点。E 级车则介于二者之间。

一般来说，豪华车的设计比较严谨，奔驰 S 级属于豪华车，所以要正统点，而小车的设计可以严肃，也可以选择不严肃。严肃的设计就是要实现仪表台和门内饰板的一体化。一体化的途径有分色边界线、装饰条线、特征线顺畅过渡。

1. 仪表台和门内饰板之间分色线顺畅过渡

奔驰 GLA 的内饰仪表台是上下分色，门内板是内外分色，分色线没有顺畅过渡，见图 4-2-4。奔驰 GLA 车身不大，这样设计显得比较活泼一点。

图 4-2-4

奇点 is6 的仪表台是上下分色，门板是内外分色，见图 4-2-5，二者的分色边界没有顺畅过渡，可能是新能源汽车的创新吧。

丰田威驰虽然是小型车，仪表台和门内饰板的分色线也是顺畅过渡的，见图 4-2-6。

图 4-2-5

图 4-2-6

2. 仪表台和门内饰板之间装饰条顺畅过渡

奥迪 A8 仪表台上的装饰条顺畅过渡到门内饰板，见图 4-2-7。

江淮 S2 车门上装饰条一直延伸到门内饰板的边界，但是仪表台的装饰件没有延伸到边界接应，见图 4-2-8。装饰件没有实现顺畅过渡。这是小车，自然可以随意一些。

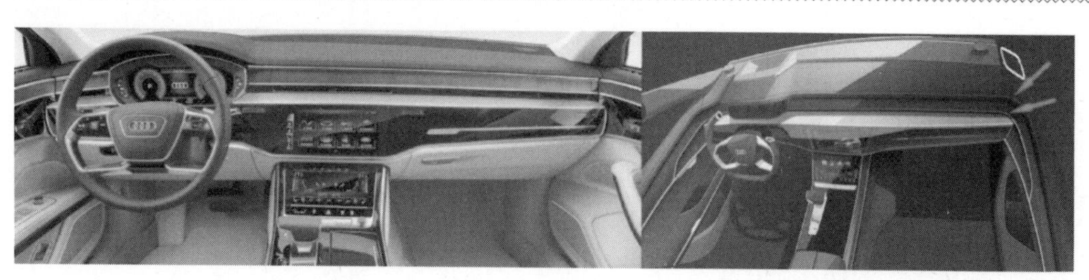

图 4-2-7

图 4-2-8

三、内饰特征线布置

一般的车型都喜欢水平布置主要的特征线。创新的布置不多，而欧洲版 1998 年款福克斯内饰最显眼的特征线竟然是大倾角的斜线，见图 4-2-9、图 4-2-10。门板和仪表台的特征线还顺畅过渡。这样的设计勇于创新，不落俗套。

图 4-2-9

图 4-2-10

四、内饰分色线布置

1. 内饰前部分的分色线

有的仪表台是上下分色的，门内饰板也采用相同的分色方式，分色边界顺畅过渡。比如，现代索纳塔八就是这样，见图 4-2-11。索纳塔八的正面有两条主要的分色线，a 线是仪表台和门内饰板上的分色线。b 线是仪表台的下边缘，也是仪表台和地板之间的视野分界线，还是门板的分色线。门板上出现两条分色线。

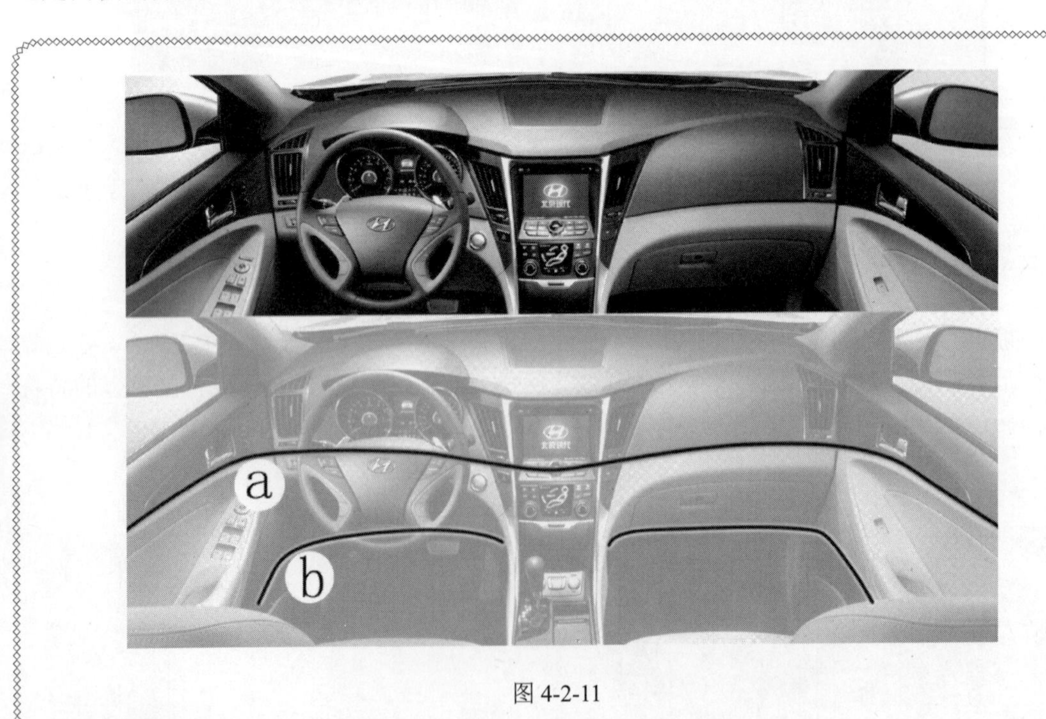

图 4-2-11

这个角度还有一些次要的分色线，A 柱是浅色，A 柱下沿和仪表台的分界线也是分色线，转向盘的浅色部分也和整车的浅色部分契合，这是难能可贵的。

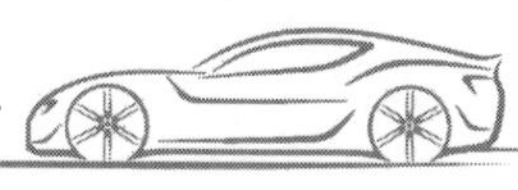

雪铁龙富康仪表台没有分色，门内饰板分了色，但是门内饰板分色边界前端斜向下，实现与仪表台颜色的顺畅过渡，见图 4-2-12。这是单色仪表台 + 双色门板的案例。

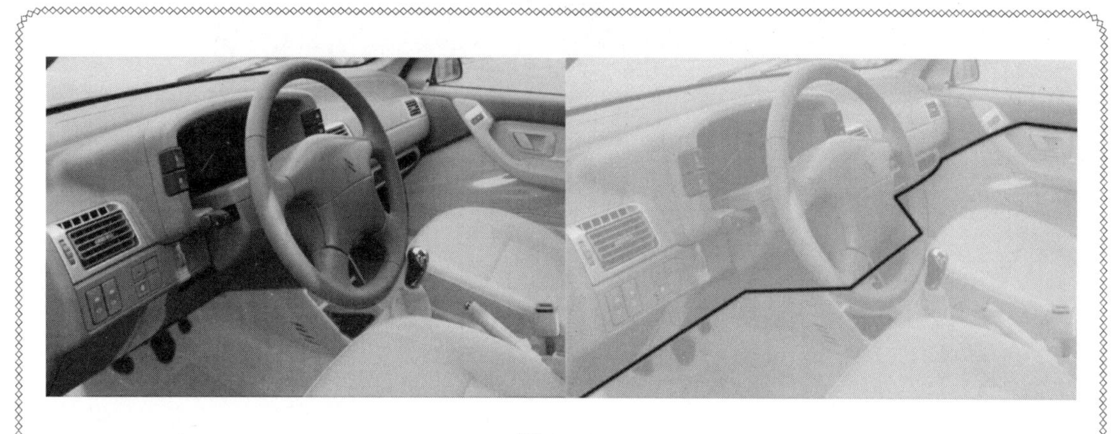

图 4-2-12

斯柯达晶锐仪表台有深色区和浅色区，在靠近门板的地方，把深浅颜色的分界线折向上方，在仪表台和门板接触的边界双方都是浅色区域，见图 4-2-13。这是双色仪表台 + 单色门板的案例。

图 4-2-13

甲壳虫的仪表台是内外分色，但是门板上下分色，分色边界线没有衔接，设计上不严谨，也算活泼，见图 4-2-14。

2. 内饰侧面的分色线

因为车内饰侧面不是主要的视野区域，内饰侧面的分色就不那么受到普遍重视。

阿尔法 • 罗密欧 Giulia 的 B 柱是浅色，前后门内饰板的分色线没有顺畅过渡，见图 4-2-15。这样的设计也有一定的韵律感。

索纳塔八 B 柱饰板有分色，但是也没有和前后门内饰板顺畅过渡，见图 4-2-16。

图 4-2-14

图 4-2-15

图 4-2-16

别克君威实现了内饰侧面的分色流畅，关键是B柱分色边界把前后车门的上沿连接起来了，整个车门的上沿以上的区域全部是浅灰色，见图4-2-17。

图 4-2-17

奔驰R级车的内饰侧面的分色线与君威有所不同，是沿着顶盖来分色的，见图4-2-18。

图 4-2-18

五、内饰装饰条布置

内饰装饰条的重要程度远远高于外观。

日产西玛就在仪表台和门内饰板都布置有银色装饰条，两处的装饰条顺畅过渡，见图4-2-19。这个装饰条比较粗，但是装饰条的断面线外凸，而且有纹理，设计内容丰富。

图 4-2-19

宝马 7 系的装饰条有银色装饰条和深色水转印装饰条两种，这两种装饰条以更加显眼的银色装饰条为主，仪表台和门内饰板上的银色装饰条顺畅过渡，融合在一起，见图 4-2-20。

图 4-2-20

凯迪拉克 XT5 的装饰条有银色装饰条和桃木装饰条两种，二者是组合在一起的，仪表台和门内饰板上的银色装饰条没有相邻，采用相似的形状，互相呼应，实现了融合，见图 4-2-21。

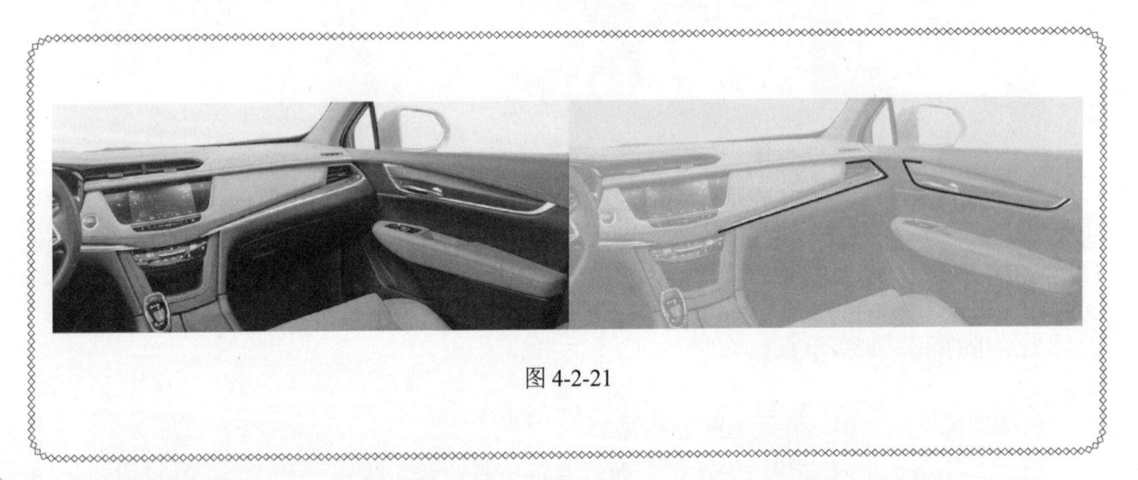

图 4-2-21

雷克萨斯 RX 的装饰亮条看似随意，但是融合了内饰的设计特征，把内饰融为一体，有举重若轻的感觉，见图 4-2-22。

图 4-2-22

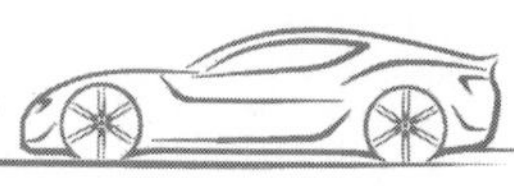

云度 π1 的亮条显得太多了一点，感觉有点扎眼，见图 4-2-23。

图 4-2-23

六、内饰氛围灯光线布置

随着科技的发展，氛围灯也融入了人机交互等智能化元素，给人带来全新的感官体验。奔驰 S 级在仪表台、门板、副仪表台等区域布置环境光，见图 4-2-24。

图 4-2-24

一般氛围灯只布置一种颜色，布置两种或以上颜色氛围灯的案例较少见，这个版本的奔驰 S 级有两种颜色的氛围灯，见图 4-2-25。

图 4-2-25

七、布置线案例分析

1. 阿尔法 · 罗密欧 Giulia

中控区域横向布置，仪表台和门板顺畅过渡。按重要性的顺序依次罗列内饰的布置线，见图 4-2-26。

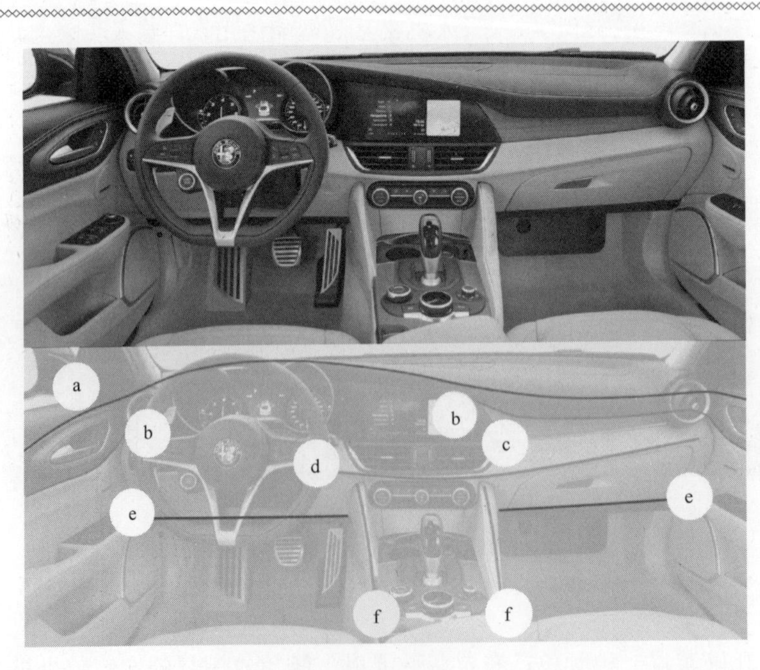

图 4-2-26

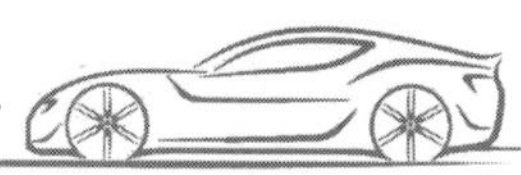

a 线，主视野特征线，特征明显，跨度大。通过上面的对比色缝线进一步强调。组合仪表位置线高凸，然后逐渐往下，穿过左右出风口，与车门上相应的特征顺畅过渡。

b 线，主视野分色线，沿着仪表台深色区域的下边界穿过右出风口，与门板分色边界顺畅过渡。

c 线，主视野分色线，颜色对比不明显，跨度小。

d 线，次视野特征线，这条特征线不如 a 线明显，跨度小，门板上也没有布置与之呼应的线。

e 线，次视野特征线，副仪表台的棱线，这辆车中控区域是由仪表台控制的，所以这条线就不重要了。

f 线，次视野边界线。

2. 宾利添越

中控区域横向布置，仪表台和门板顺畅过渡。按重要性的顺序依次罗列内饰的布置线，见图 4-2-27。

图 4-2-27

a 线，主视野分色线、特征线，通过上面的对比色缝线进一步强调，特征变化剧烈，组合仪表位置线高凸，然后逐渐往下，直到仪表台的最下部，与车门上相应的特征顺畅过渡。这根线比较对称，显得稳重。

b 线，主视野分色线，分布距离长，沿着仪表台装饰板的下边界，与门板分色边界顺畅过渡。

c 线，主视野分色线，分布距离短。

d 线，次视野特征线，这条线的断面线不如 a 线尖锐。门板上也没有布置与之呼应的线，跨度小于 a 线，所以不如 a 线重要。

e 线，次视野分色线，副仪表台边缘。跨度小。

f 线，次视野特征线。

3. 雷克萨斯 LC500

中控区域横向布置，仪表台和门板顺畅过渡。

这辆车的特点是 d 线，从副仪表台窜到中控上，但是只有单边窜上来，见图 4-2-28，这就是创新。

图 4-2-28

a 线，主视野特征线，分色线。

b 线，主视野特征线，分色线。

c 线，次视野特征线。

d 线，次视野特征线。

4. 全新胜达

这辆车的内饰设计堪称经典。这些主要的线都避免平行布置，同时保持同调，而且仪表台四条主要的布置线全部延伸到门内饰板上，见图 4-2-29。

a 线，主视野特征线和分色线，跨度较大。

b 线，主视野特征线和分色线，跨度大。

c 线，主视野特征线，跨度大。

d 线，次视野特征线，跨度较大。

5. 凯迪拉克 XT5

这辆车大局布置线硬朗、简洁、大气，仪表台和门内饰也顺畅过渡，见图 4-2-30。

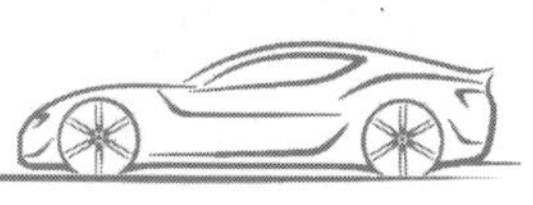

图 4-2-29

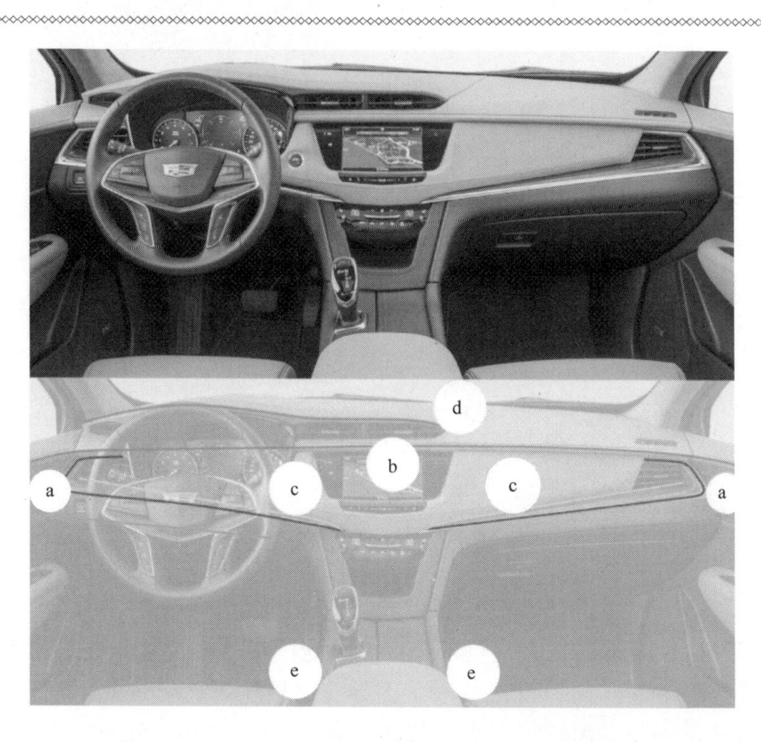

图 4-2-30

a 线，主视野亮条线和分色线，跨度较大。

b 线，主视野特征线，跨度大。

c 线，主视野分色线，跨度较大。

d 线，主视野特征线，跨度小，被转向盘挡住一部分。

e 线，次视野特征线，跨度大。

第三节　仪表台和副仪表台设计

一、功能需求

1. 仪表屏和影音系统双屏布置

（1）双屏布置

机械仪表进化成液晶仪表，中控影音系统大屏化，这两点促成了双屏设计。

宝马 7 系的双屏设计只是在液晶仪表的表面布置了两个装饰圈，显得保守和豪华，见图 4-3-1。中控屏放在中控的顶部，这样驾驶人看中控屏时，视线离开前方的时间最短，也最安全。

图 4-3-1

在双屏设计下，仪表屏往往会出现部分影音系统的内容。奥迪 A4 在导航时，两个屏幕都会显示导航信息，见图 4-3-2。液晶仪表上的导航信息没有中控屏那样详细。

特斯拉 Model S 两个屏都做得很大，仪表屏有 12.3in（1in=2.5cm），中控屏有 17in，见图 4-3-3。仪表屏一般会受转向盘影响，12.3in 已经大到极限了，中控屏受整个内饰布置限

图 4-3-2

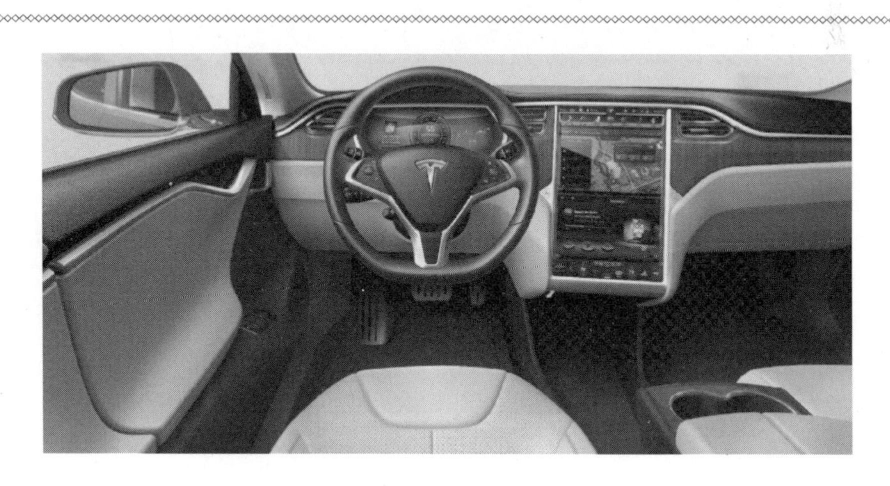

图 4-3-3

制，17in 也几乎大到极限了。

特斯拉是电动汽车的标杆，比如小鹏 G3 电动汽车也采用 15.6in 的大屏，见图 4-3-4。

（2）扁长横屏布置

奔驰 E 级有一个宽屏幕，左边区域用来作为仪表，右边区域用来作为影音系统显示屏，见图 4-3-5。这种布局相对合理，屏幕布置在较高的位置，看屏幕时，视线可以较短时间离开前方路况，相对安全。这种布置方式的拥趸很多。

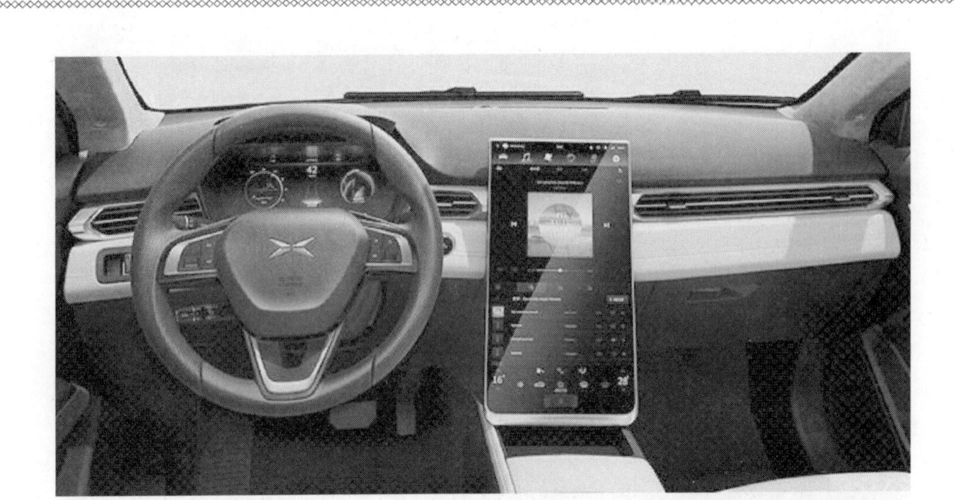

图 4-3-4

图 4-3-5

有的车也设计一个大小类似奔驰 E 级屏幕的大屏，比如君马 S70，见图 4-3-6。

（3）单屏布置

单屏布置有三种方式，第一种是机械组合仪表 + 中控屏，多数汽车采用这种方式。第二种是把影音系统功能集中到液晶组合仪表上，仪表台中间仅保留空调控制面板。奥迪 TT 就是单屏布置，放在仪表位置，见图 4-3-7。这样的布置方式缺点是，看屏幕的视线是穿过转向盘间隙的，受到转向盘间隙的限制，屏幕大小限制在 12.3in 左右。

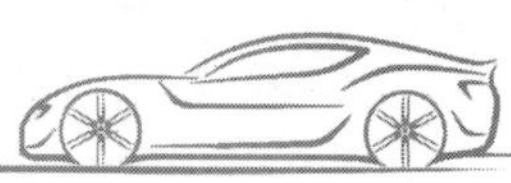

图 4-3-6

图 4-3-7

第三种是中控屏集中了组合仪表和影音系统甚至空调控制功能，特斯拉 Model 3 就是这种，见图 4-3-8。

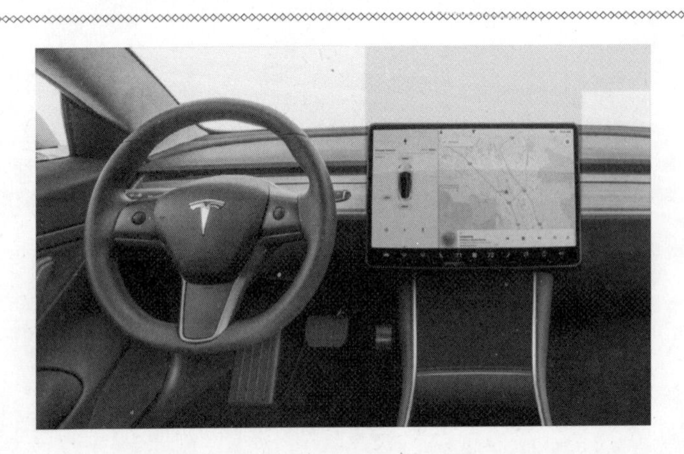

图 4-3-8

2. 风口布置

仪表台一般要布置 4 个出风口，左右各一，中央有两个。异形风口设计很多，不管风口的数量和形状，都需要满足出风的要求。如果风口太小，要确保足够的风量，就要加快风速，风噪就会增加，这又不符合 NVH 对噪声的控制要求，所以出风面积很重要。

比如特斯拉 Model 3，采用隐藏式扁平出风口，不同的风口负责不同的风向，从而减少单个风口的风量，见图 4-3-9。

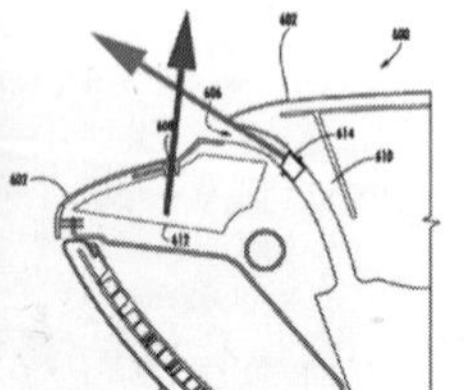

图 4-3-9

3. 中央控制面板

仪表台中央区域一般布置：中央风口、空调控制面板、影音系统。

影音系统可能是 MP5、MP3、收音机等。

MP5 一般有个液晶屏，MP3 和收音机一般是单色预刻屏。

液晶屏的位置放得越高，驾驶人从前方视野转到液晶屏的距离越短，对驾驶的干扰就越小。

空调控制面板可能是手动空调、自动空调、有的自动空调是双温区空调。

手动空调一般有三个旋钮，分别控制温度、风速、风向。自动空调设定温度，温度达到后，空调会进入低能耗状态。

4. 副仪表台

副仪表台一般趋向于设计得既高又宽。保时捷 Macan 就是这种，见图 4-3-10。仪表台换档面板明显高于座椅，换档手柄较短。换档面板周围排布了很多按钮。空调控制按钮也置在这个面上。显得很气派。这需要汽车有足够的内部空间宽度。

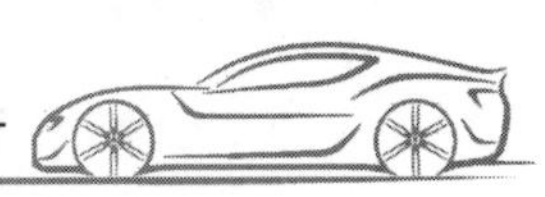

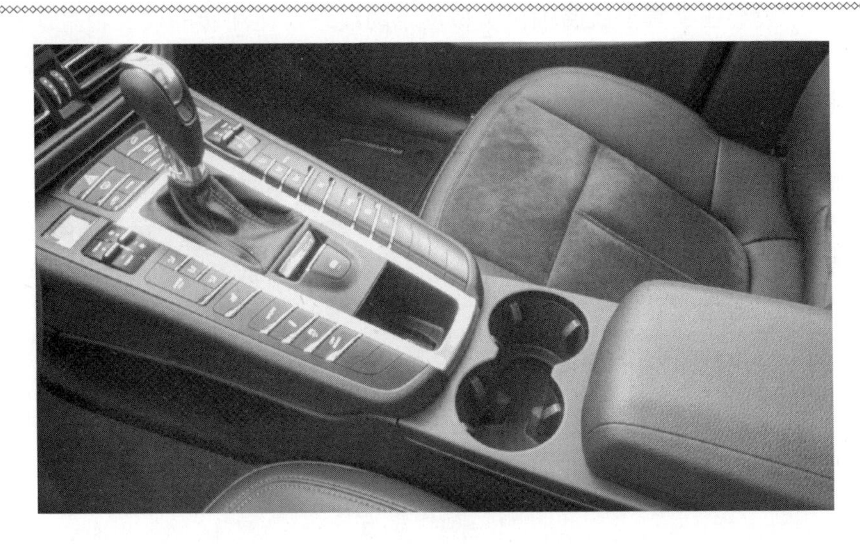

图 4-3-10

对于紧凑型车或小型车，横向布置了两个坐垫后，两个坐垫中间的空间就非常小了，副仪表台从地板到上顶面有拔模斜度，从地板到副仪表台顶面宽度会越来越小。

雅力士的副仪表台布置的功能不多，就是换档面板、驻车制动手柄、ESP 开关按钮、起停系统按钮、中央扶手，见图 4-3-11。置物空间在换档面板前方和驻车制动手柄侧面。换档面板比较低，以至于换档手柄比较长。这是因为车辆横向空间小，副仪表台有拔模斜度，副仪表台越高，其宽度会越小。换档手柄头的位置相对于坐垫高度是固定的，副仪表台越低，换档杆就会越长。

图 4-3-11

二、结构和工艺

表面上看，仪表台有软硬之分。硬的仪表台就是注塑工艺，软的可能有很多种工艺，比如皮革包覆。

注塑工艺一般会在模具上就腐蚀出类似皮革的纹理，让注塑的仪表台呈现类似皮革包覆的效果。人们常说的塑料感强，一般可以理解为，注塑的仪表台让人一眼看出来是塑料件，尽管类似皮革的纹理。

如果要让注塑的仪表台塑料感不强，需要在仪表台断面线模仿皮革包覆仪表台，避免出现尖锐的断面线，因为皮革包覆零件的断面线一定是圆润的。

有些车为了追求时尚，采用几何纹，而不是皮革纹理，塑料感一定是强的。比如领克 3 的仪表台就采用六边形几何纹，见图 4-3-12。

图 4-3-12

三、布置线

1. 布置线要富于变化

仪表台本身是一个横放的圆柱体，正面的视野中，上边界和下边界是横向的水平线，仪表台的设计最好是能打破横向的水平线，才富于变化。

宝马 i3 的仪表台上下边界水平，中间的布置线也水平，变化少，简洁设计，见图 4-3-13。

图 4-3-13

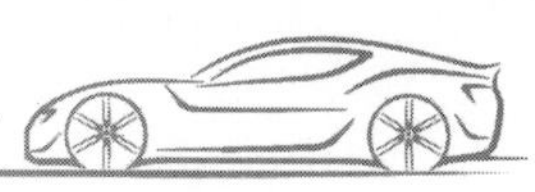

2009 版的丰田 RAV4 仪表台，中控区域是横向布置为主的，图中这三条线最为重要，这三条线过于平行，布置上还是缺乏变化，见图 4-3-14。

图 4-3-14

2013 版的雪佛兰 Spark，仪表台布置线与 2009 版 RAV4 相似，但是这些线之间不是平行的，这样布置就好看，见图 4-3-15。

图 4-3-15

2. 布置线避免出现断头线

本田思域，见图 4-3-16，仪表台中控区域是竖向为主的布置，在影音系统位置，竖向的线条被横向的装饰条硬生生打断，出现了断头线，虽然上段线和下段线之间有一定的呼应关系，还是感觉有一点粗暴。

图 4-3-16

与之相似的是，三菱 Xpander DVD 两侧的亮条，从空调中央风口下方穿过，在空调面板位置露出来，一直延续到副仪表台上，上下段线被中央封口盖住了，让人认为中央风口后面，上下段线还是连起的，并没有打断，见图 4-3-17。这种方式体现了设计的情趣。

图 4-3-17

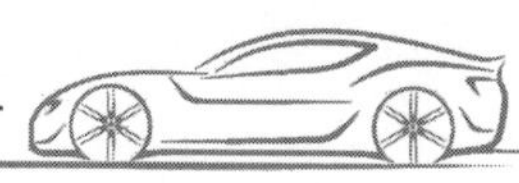

四、锤炼线

一般来说，弧线比直线的张力好，有弹性。

有很多车在副驾驶前方的仪表台特征线过于平直，缺乏张力或弹性。比如 2009 版的丰田 RAV4 的 b 段就很平直，a 段很弯曲，a 段到 b 段曲线的曲率变化很仓促，缺乏过渡，见图 4-3-18。

图 4-3-18

丰田亚洲龙仪表台上的特征线非常顺畅，弯曲程度也很好，像挂上弦的弓一样，有弹性、有张力，见图 4-3-19。

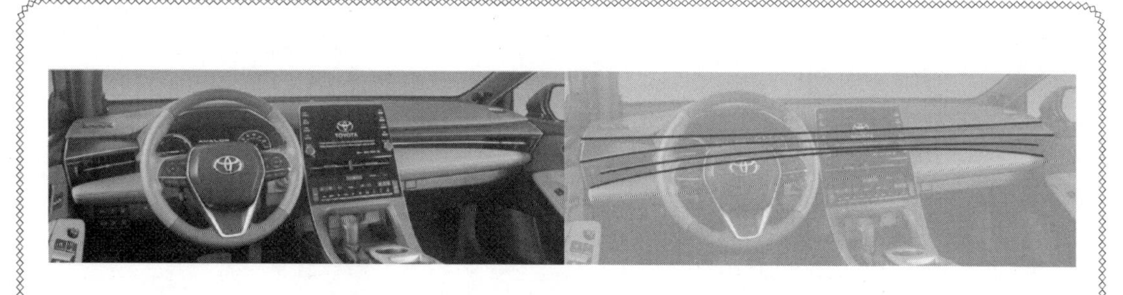

图 4-3-19

五、断面线

仪表台一般以立体化为好。

比如 2009 版的丰田 RAV4 的断面线，显示出比较鲜明的立体化形态，见图 4-3-20。如果把断面线之间的差异做大一点，就会更好看。

日产楼兰主要的特征线是斜线，用来打破仪表台水平线的，但是断面线起伏不大，以至于这条特征线并不是很明显，见图 4-3-21。

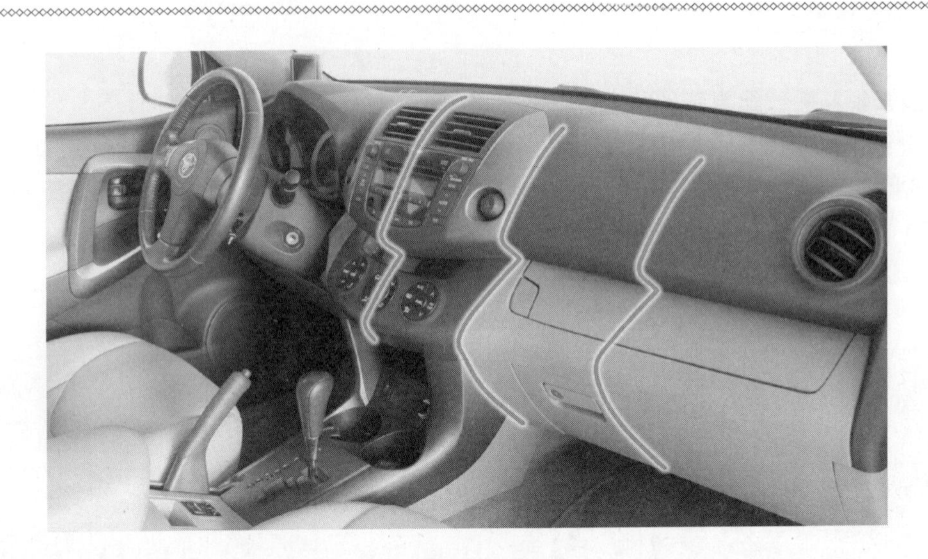

图 4-3-20

图 4-3-21

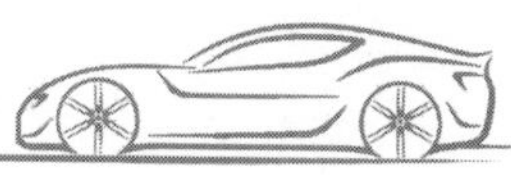

六、仪表台细节

1. 仪表台亮条和周围元素融为一体

内饰的装饰条距离人比较近，对视觉的影响高于外观。别克 GL8，见图 4-3-22，这个镀铬亮条把中控屏、中央出风口，左右出风口都串联到一起了。在中控屏按钮区域还设计了亮条顺畅连接仪表台亮条。

图 4-3-22

帝豪 GS 也采用类似 GL8 的亮条，在亮条走势上有一些创新，见图 4-3-23。

图 4-3-23

宝马 5 系的亮条在仪表台穿行，断面线呈现折线，运动感强烈，见图 4-3-24。

图 4-3-24

丰田 CH-R，蓝色亮条呈薄片形状，立体感很好，仪表台和门上的亮条顺畅过渡，见图 4-3-25。

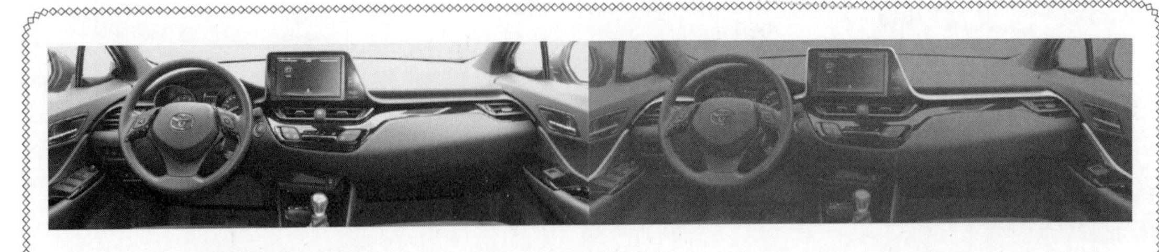

图 4-3-25

2. 空调风口一体化

奥迪 S4，中央出风口和右出风口，看起来一排都是出风口，见图 4-3-26，实际上箭头区域是不会有风吹出来，仅仅是装饰而已。

图 4-3-26

马自达 CX-3，左、右风口和中央风口都是独立的圆形出风口，中间还是有一排出风口，但是只有箭头区域才是真正的出风口，见图 4-3-27。

图 4-3-27

第四节　门 内 饰 板

一、功能需求

门内饰板一般有五大功能：
扶手，用来搁手臂。
拉手，用来关闭车门。
开关，用来打开车门。
置物，放手机、水等杂物。
喇叭，一般布置在前门。

二、结构和工艺

主体注塑，部分是软包，可能包覆皮革和织布，部分零件会做高光或镀铬。

三、设计要点

1. 融合设计

（1）门拉手和门内饰板装饰条形成圆滑过渡

宝骏 510 在门板上有装饰条，与门拉手形面一体化，表面材质相同，融合得很好，见图 4-4-1。

长安 CS55，与宝骏 510 相似，但是断面线比较硬朗，见图 4-4-2。

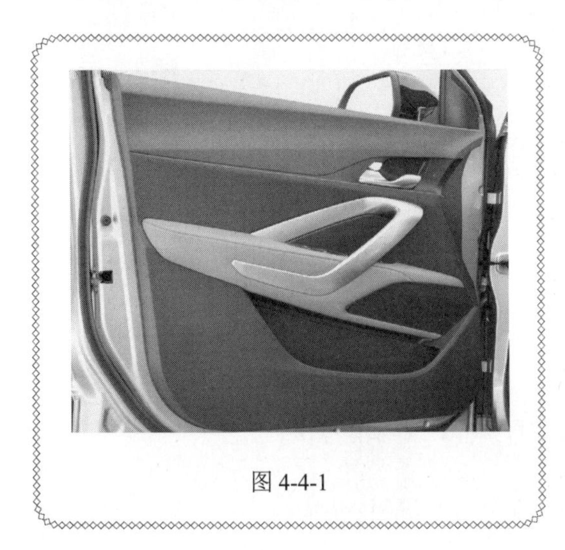

图 4-4-1

图 4-4-2

吉利帝豪，门板上有装饰条，与门拉手形面一体化，见图 4-4-3。

（2）门开关和内饰板装饰条一体化设计

宝马 X1，门开关和车门装饰亮条形面相邻，表面材质相同，见图 4-4-4。

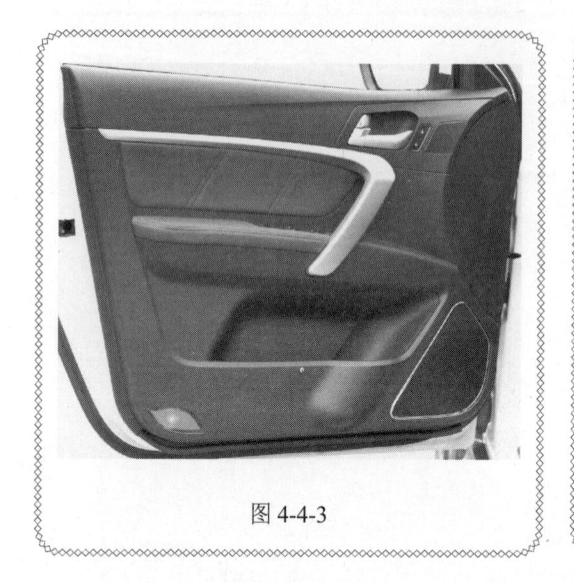

图 4-4-3

图 4-4-4

帝豪 GS，门开关和车门装饰亮条形面相邻，表面材质相同，见图 4-4-5。

图 4-4-5

（3）门开关和门拉手一体化设计

吉利博越，门开关和门拉手型面相邻，表面材质相同，见图 4-4-6。

（4）前后门内饰板一体化设计

迷你 Paceman2011 概念车，后门是半个门，前后门的装饰条形成一个椭圆，因为后门宽度小，椭圆在后门上只有一小部分，见图 4-4-7。

迷你 Clubman2014 概念车，前后车门和 B 柱的装饰条形成一个楔形，见图 4-4-8。

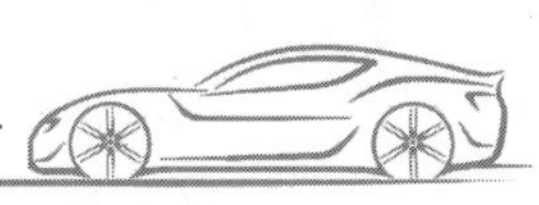

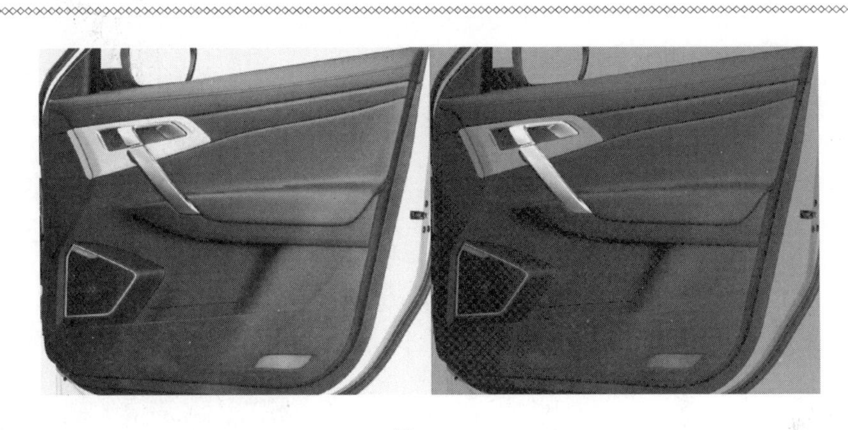

图 4-4-6

图 4-4-7

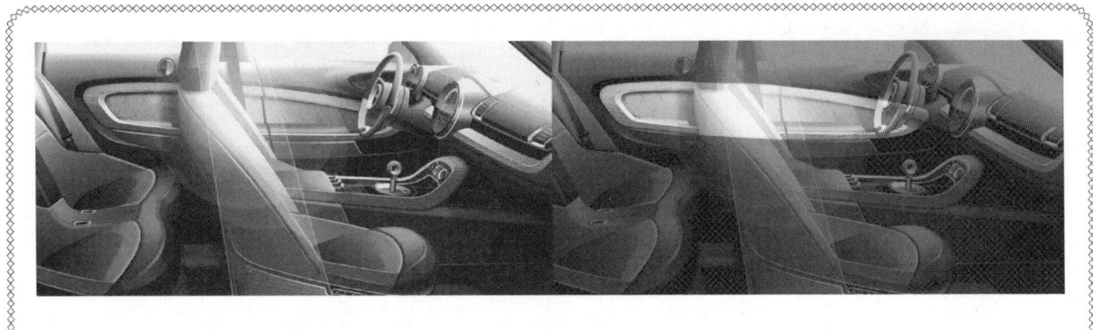

图 4-4-8

（5）相似形设计

别克君威门板，每个门板都有两个 C 形设计，互相呼应，把门板融合在一起，见图 4-4-9。

2. 立体化设计

门板上要设置搁手臂的位置，要置物空间，这就需要设计高度差。极端的例子是微型面包车，五菱之光实用版，见图 4-4-10，门板上没有搁手和置物空间，只有玻璃升降摇柄，门开关和门拉手，门内饰就是一块平板。

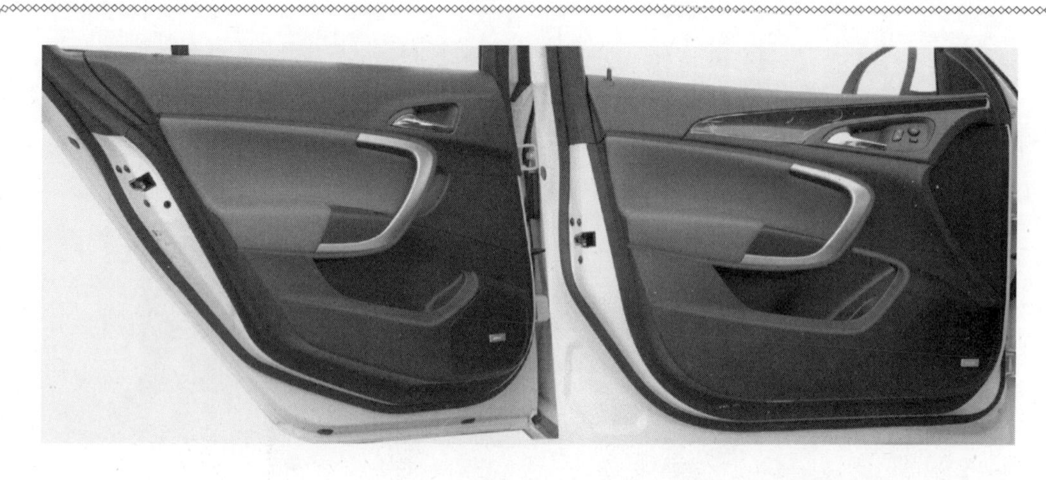

图 4-4-9

图 4-4-10

五菱之光标准版有了搁手和置物空间，就有了立体化的设计，见图 4-4-11。

图 4-4-11

第五节　外观和内饰的联系

一、造型上的联系

奔驰概念车 bionic 在其外观和内饰上都布置相似的曲线，这个线有点像一条鱼的轮廓，见图 4-5-1。

图 4-5-1

马自达阿特兹外观侧面布置射线，出现在门内饰板上，见图 4-5-2。

图 4-5-2

二、CTF 的联系

很多人提到内饰颜色，会提车把内饰颜色和外观颜色呼应，而主流的设计是外观内饰不联系。

外观的颜色一般纯度较高，内饰颜色一般纯度较低。在某些特殊的情况下，外观内饰的颜色会有一些呼应，或相似。

大众 TAIGUN2012 概念车，内饰这个角度后视镜和机舱盖都能看到是蓝色，内饰中也有很多相似的蓝色，但是都不是与车身一样的高光材质，见图 4-5-3。

图 4-5-3

大众 TAIGUN 橙色的版本，见图 4-5-4，可见内饰颜色和外观颜色呼应是有意为之。

图 4-5-4

嘉年华两厢 2008 版，看后视镜可以看出外观的颜色，这个内饰也是红色，这个红色与外观红色相比，纯度明显低，内饰红色分别位于仪表台、门板、座椅，这些区域也不反光，和外观的红色钣金材质感还是有差异，见图 4-5-5。

图 4-5-5

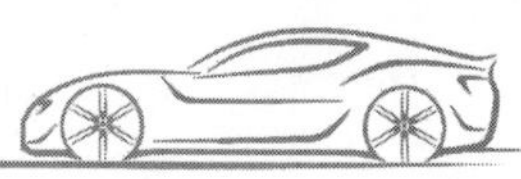

嘉年华两厢 2009 版 1.5L 手动运动款，从看后视镜和车门三角板钣金可以看出外观的颜色，这个内饰中有高光的装饰件和外观颜色一样，虽然是塑料件，采用高光漆，与外观的钣金高光漆材质也非常相似，见图 4-5-6。

图 4-5-6

嘉年华三厢 2009 年 1.5L 手动运动款，从看后视镜和车门三角板钣金可以看出外观的颜色，这个内饰中有高光的装饰件和外观颜色一样。外观有几种颜色，内饰相应的装饰件也有几种状态，这样一来会增加了生产管理难度，见图 4-5-7。

图 4-5-7

丰田 Aygo2005 版，内饰的门内饰板不是完全覆盖车门内板钣金，以至于钣金露出来，这样钣金的颜色就进入内饰了，见图 4-5-8。这样的话，不会增加内饰件的颜色状态，也不会增加生产管理的难度，内饰件变小，成本降低了，车也更轻巧。堪称高明！

图 4-5-8

总之，除了概念车，主流车的内饰的颜色还是没有和外观颜色搭上关系。

后记一 未来车趋势

一、大屏幕的发展还是会以人为本

汽车的屏幕越来越多、越来越大，未来该如何发展呢？1∶0.618 的屏幕无疑是最适合人类眼睛的，与这个比例不合的屏幕可能会被淘汰。

奔驰 E 的屏幕很宽，但是实际上是被转向盘分割成的两个大约 1∶0.618 的屏幕，见图 1 箭头所指位置。

图 1

拜腾的 49in 大屏幕应该不会成为潮流，见图 2，即便是在未来无人驾驶的车里面，也不会用这种比例的屏幕。因为电视机屏幕和计算机显示器也没有采用这种比例的屏幕。

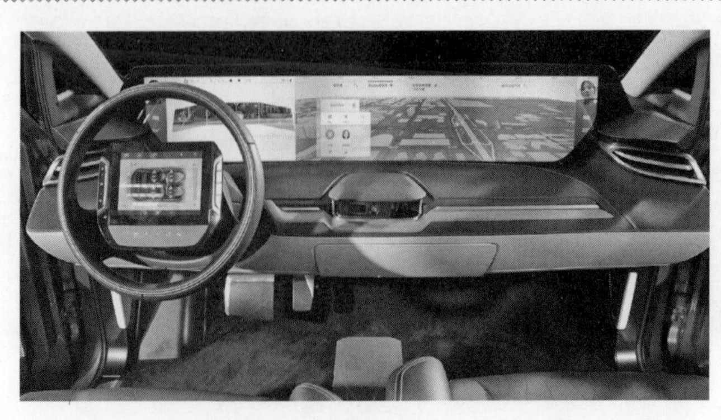

图 2

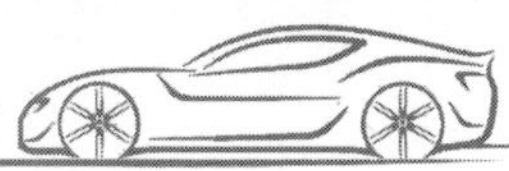

二、新能源汽车带来单厢化趋势

由于电动机布置在轮毂上或两个车轮之间，前后悬变得越来越短，轴距车长的比例越来越大，大众的 ID Crozz 就是这样，见图 3。这种趋势下的轮包线显得更重要。

图 3

三、无人驾驶车将会成为潮流

美国汽车工程师协会 (SAE) 根据系统对于车辆操控任务的把握程度，将自动驾驶技术分为 L0 ～ L5，见图 4，系统在 L1 ～ L3 级主要起辅助功能；而从 L4 级开始，车辆驾驶将全部交给系统，而 L4、L5 的区别在于特定场景和全景应用。

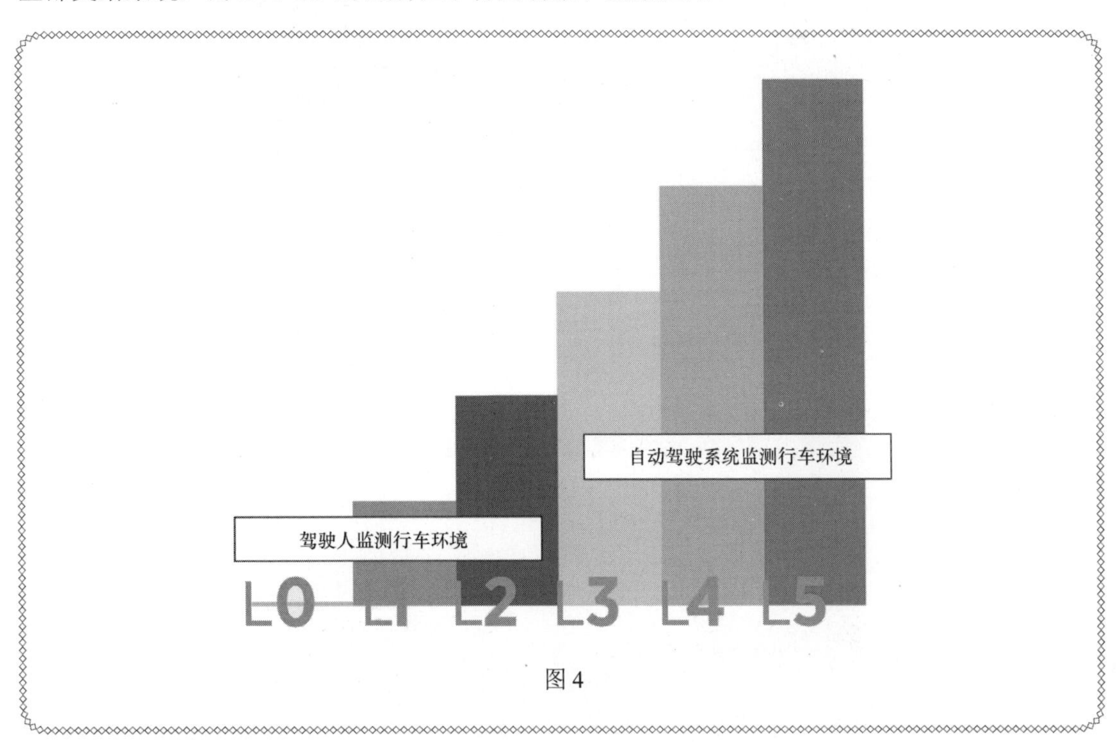

图 4

主要由驾驶人负责对行车环境进行监测：

L0- 非自动化：由驾驶人全程负责执行动态驾驶任务，可能会得到车辆系统警告或者其他干预系统的辅助支持。

L1- 驾驶人辅助：在特定驾驶模式下，单项驾驶辅助系统通过获取车辆行车环境信息对车辆横向或者纵向驾驶动作进行操控，但驾驶人需要负责对除此以外的动态及时任务进行操作。

L2- 部分自动化：在特定驾驶模式下，多项驾驶辅助系统通过获取车辆行车环境信息对车辆横向和纵向驾驶动作同时进行操控，但驾驶人需要负责对除此以外的动态驾驶任务进行操作。

主要由自动驾驶系统负责对行车环境进行监测：

L3- 有条件自动化：在特定驾驶模式下，系统负责执行车辆全部动态驾驶任务，驾驶人需要在特殊情况发生时，适时对系统提出的干预请求进行回应。

L4- 高度自动化：在特定驾驶模式下，系统负责执行车辆全部动态驾驶任务，即使驾驶人在特殊情况发生时未能对系统提出的干预请求作出反应。

L5- 全自动化：系统负责完成全天候全路况的动态驾驶任务，系统可由驾驶人进行管理。未来一定是向 5 级发展，5 级的自动驾驶系统可以不需要转向盘就能开车！

大众概念车 ID Vizzion 没有设计转向盘，见图 5。

图 5

后记二

我是在 2004 年 2 月进入汽车行业的。两年前，我决定把自己这几年的设计经验写出来，看是不是能为行业做点贡献，然后就一路走了过来。初稿几经修改，文字一再压缩删减，只有六万多字，但是配了六百多幅图，希望大家阅读起来能轻松一点。

2019 年，本书终于要付梓了，衷心感谢三位大咖为本书作序！

他们是：

常志刚先生，中国汽车工程学会造型学组副组长；

许世虎先生，重庆大学艺术设计院院长；

雷雨成先生，上海同捷科技股份有限公司董事长。

他们来自行业学会、设计院校、汽车设计公司。衷心感谢他们的信任！

我认为，做好一件事，有“道”“法”“术”三个层次。汽车造型设计的“道”是符合消费者的需要。“法”有两点：形态造型设计和用户体验。“术”很多，包括效果图、CAS 面模型、油泥模型、A 面模型、CTF（颜色纹理材质）、VR（虚拟现实）渲染、精致工程等。

本书应该算是“法”这个层次的形态造型设计。本书所述理论能够帮助学生和从业者理性识别造型形态的优劣，而不是像非专业人士那样完全依靠感性和直觉，因为感性往往不可靠。我们在学习平面设计课程时，老师就告诉我们，一根线有两侧向外的箭头与有两侧向内的箭头，向外的箭头会使线从视觉上显得更长。有的车的前后车灯设计成向内的箭头，汽车就显得窄，而不是宽——这就是三线法理论中的锤炼线案例。

我计划再写一些“术”层次的图书。我想把一些关键的技术点写出来，而且要写清楚，比如，如何快速制作出效果图、效果图的创新方向，以及汽车 CAS 面和 A 面设计中的一些经验等。

汽车行业目前正面临着诸多机遇与挑战，我只能为行业发展贡献自己的微薄之力，期望中国汽车产业越走越好！

冯平

图 2-1-39

图 2-4-79

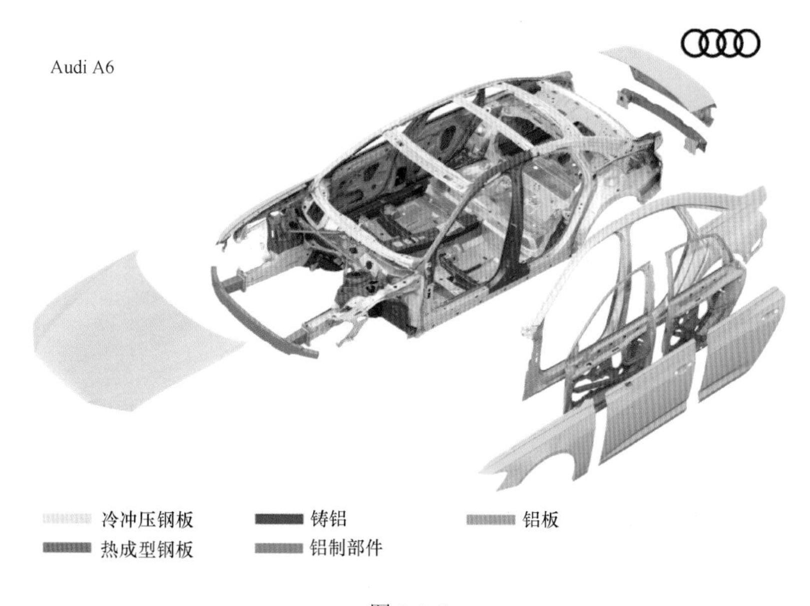

图 3-1-5

图 3-2-43

图 3-3-1

图 4-1-11

图 4-1-12

图 4-2-25

图 4-5-3

图 4-5-4

图 4-5-5

图 4-5-6